Andreas Hoffmann
Schülerwitze zum Schlapplachen

W0058701

Andreas Hoffmann

Schülerwitze zum Schlapplachen

FSC

Mix
Produktgruppe aus vorbildlich
bewirtschafteten Wäldern und
anderen kontrollierten Herkünften

Zert.-Nr. GFA-COC-1223
www.fsc.org
© 1996 Forest Stewardship Council

ISBN 978-3-7855-6597-1
1. Auflage 2009
© 2009 Loewe Verlag GmbH, Bindlach
Umschlagillustration: Heribert Schulmeyer
Umschlaggestaltung: Christine Retz
Printed in Germany (003)

www.loewe-verlag.de

Inhalt

Neues aus der Le̶x̶ranstalt

In Biologie will die Lehrerin von den Schülerinnen und Schülern wissen: „Welcher Vogel baut kein eigenes Nest?" „Der Kuckuck", antwortet Amelie sofort.
Die Lehrerin: „Richtig, Amelie. Und warum macht er das nicht?" Wieder weiß Amelie Bescheid: „Na, weil der in einer Uhr wohnt!"

Als Tobias von der Schule nach Hause kommt, fragt ihn seine Mutter: „Und, habt ihr heute etwas Spannendes gelernt?" Tobias erzählt: „Ja, im Sachkundeunterricht hat uns Herr Grimm gezeigt, wie man ohne Streichhölzer Feuer machen kann." Die Mutter freut sich: „Das ist ja toll! Und was lernt ihr morgen in der Schule?"
Darauf Tobias ganz verdutzt: „Welche Schule?"

Der Vater redet ein ernstes Wort mit seiner Tochter: „Paula, deine Mathenote muss bis zum Schuljahresende unbedingt besser werden! Wenn du es schaffst, nicht sitzen zu bleiben, machen wir zur Belohnung eine tolle Reise miteinander." Paula darauf: „Ach Papa, zu Hause ist es doch auch ganz schön."

8

Im Sachkundeunterricht erklärt der Lehrer: „Der Mond ist so groß, dass viele Millionen Menschen Platz darauf hätten."

„Bei abnehmendem Mond gäbe das aber ein ganz schönes Gedränge", wirft darauf Theresa ein.

Im Unterricht fragt der Lehrer: „Was ist für uns wichtiger, die Sonne oder der Mond?" Paul meldet sich: „Ganz klare Sache, der Mond – der leuchtet nachts, wenn es dunkel ist, am Tag ist es ja sowieso hell."

Die Deutschlehrerin sagt zu ihrer Klasse: „Wer kann einen Satz bilden, in dem sowohl das Verb ‚säen' als auch das Nomen ‚Samen' enthalten sind?"
Sofort meldet sich Jonas: „Ist doch ganz leicht: ‚Guten Tag zu Samen, morgen säen wir uns wieder.'"

Zwei Erstklässler unterhalten sich. „Und, kannst du schon das Abc?", fragt der eine.
Der andere antwortet leicht überheblich: „Logo, was denkst du denn – und zwar schon bis hundert."

9

Im Sachkundeunterricht ist das Thema „Magnetismus" an der Reihe. Zum Einstieg fragt der Lehrer die Klasse: „Heute geht es um etwas, das mit ‚M' anfängt und Dinge aufhebt. Wer weiß, was das ist?"
Michael antwortet blitzartig: „Meine Mama!"

Magnus kommt schlecht gelaunt von der Schule heim und fragt seine Mutter: „Haben wir Lösungsmittel im Haus?" Die Mutter ist überrascht: „Ja, aber wozu brauchst du das denn?" Gereizt antwortet Magnus: „Für meine Mathehausaufgaben."

Valentin kommt erst am späten Nachmittag von der Schule nach Hause. Sein Vater fragt ihn: „Wo warst du denn so lange?" Valentin erklärt: „Ich musste leider mal wieder Überstunden machen."

Im Biologieunterricht fragt der Lehrer die Klasse: „Warum ist die Luft für uns Menschen so wichtig?"
Darauf antwortet Hannah: „Ohne sie könnten wir keine Autoreifen aufpumpen."

Als der Lehrer das Klassenzimmer betritt, lehnen alle Schüler an den geöffneten Fenstern und schauen zu, wie sich unten auf der Straße zwei Erwachsene streiten. Streng ruft der Lehrer: „Kinder, geht bitte sofort weg von den offenen Fenstern! Wenn einer hinausfällt, will es nachher wieder keiner gewesen sein!"

Das Telefon klingelt und Nick nimmt ab. Nach einem Moment geht er zu seinem Vater und sagt: „Papa, Luisas Vater ist am Apparat. Er hätte gern gewusst, wann du mit meinen Hausaufgaben fertig bist, er würde sie dann nämlich gern abschreiben ..."

Linus liegt krank im Bett und schimpft: „Warum muss ich auch ausgerechnet jetzt die Masern bekommen ... wo doch alle wegen Brechdurchfall schulfrei haben."

Im Sachkundeunterricht fragt die Lehrerin: „Warum sind die Häuser in Österreich so oft aus Holz?"
Anton meldet sich: „Weil die Österreicher die Steine für ihre Berge brauchen."

„Amelie, kannst du mir eine Stadt in der Schweiz nennen?", fragt der Lehrer in Erdkunde. Amelie antwortet prompt: „Gern, Herr Fröhlich ... welche denn?"

Im Religionsunterricht fragt die Lehrerin: „Wer kann mir erklären, was der Begriff ‚nichts' bedeutet?"
Hannes platzt heraus: „Ich weiß es – ‚nichts' ist ein Luftballon ohne Hülle."

Im Sachkundeunterricht möchte der Lehrer wissen: „Charlotte, was ist ein Vakuum?"
Charlotte antwortet: „Ich habe es im Kopf, aber ich komme gerade nicht darauf."

Der Vater schimpft mit seiner Tochter: „Sophie, dein Zwischenzeugnis gefällt mir gar nicht: Du zeigst wenig Interesse am Unterricht, bist unaufmerksam und hast schon zum wiederholten Mal deine Hausaufgaben nicht gemacht. Das muss anders werden!"
Doch Sophie scheint die Standpauke nichts auszumachen. Im Gegenteil – sie grinst ihren Papa frech an. Der

ruft wütend: „Ich wüsste nicht, was es da zu grinsen gibt!"

Sophie darauf: „Ich schon ... Das Zwischenzeugnis habe ich heute auf dem Dachboden gefunden – das hast du damals in der 6. Klasse bekommen."

Im Mathematikunterricht warnt die Lehrerin: „Wenn ihr euch nicht alle noch ziemlich anstrengt, werden dieses Jahr wohl 70 Prozent durchfallen!"

Darauf wendet Timo ratlos ein: „Aber so viele sind wir doch gar nicht ..."

Die Lehrerin erklärt, was eine Bauernregel ist, und fragt dann: „Wer von euch kennt eine Bauernregel?"

Franziska meldet sich: „Sind die Hühner platt wie Teller, war der Trecker wieder schneller."

Der Deutschlehrer erläutert: „Wenn ich sage ‚ich war klug', dann spreche ich in der einfachen Vergangenheitsform. Wenn ich aber sage ‚ich bin klug', was ist das dann?" „Glatt gelogen", platzt da Adrian heraus.

Weil es in der 5a so laut ist, öffnet der Direktor die Tür und geht in das Klassenzimmer. Dort muss er erstaunt feststellen, dass kein Lehrer anwesend ist und sich die eine Hälfte der Schüler vor lauter Lachen den Bauch hält, während die andere Hälfte jämmerlich weint. Daher fragt der Direktor eine Schülerin: „Mia, warum lacht ihr denn so?"

Mia antwortet fröhlich: „Weil unsere Englischlehrerin aus dem Fenster gefallen ist."

„Und warum weint ihr?", fragt der Direktor darauf einen der schluchzenden Schüler.

Der antwortet mit tränenerstickter Stimme: „Weil wir es nicht gesehen haben."

Der Deutschlehrer schreibt „Magie" an die Tafel und fragt dann: „Wer kann mir erklären, was dieses Wort bedeutet?" Erst herrscht großes Schweigen, dann meldet sich ganz hinten ein Schüler und sagt: „Das ist das Zeug, mit dem man das Essen würzen kann."

Die einen schwatzen, die anderen dösen … schließlich platzt der Lehrerin der Kragen: „Zum Donnerwetter – wenn ihr da ganz hinten so leise wärt wie eure Kollegen, die in den mittleren Reihen schlafen, würdet ihr nicht die Schüler hier vorn stören, die gerade mit ihren Handys telefonieren!"

Im Deutschunterricht sammelt die Lehrerin die schriftliche Hausaufgabe ein, doch von Melissa bekommt sie nichts. Die Lehrerin fragt daher: „Melissa, wo ist denn deine Hausaufgabe?" Melissa erklärt: „Ich habe einen Papierflieger aus dem Blatt gefaltet und dann ist das Flugzeug leider entführt worden."

Im Sachkundeunterricht fragt der Lehrer die Schüler: „Was ist Regen?" Schnell meldet sich Lina: „Das ist Wasser, das es eilig hat."

Nachdem der Lehrer die Mathearbeit zurückgegeben hat, protestiert Robin: „Herr Klein, ich bin der Meinung, dass ich für meine Arbeit keine Sechs verdient habe." Der Lehrer antwortet: „Da bin ich ganz deiner Meinung, aber leider ist die Sechs die schlechteste Note, die ich vergeben kann."

15

Klara ist zu Besuch bei ihrer Cousine Johanna: „Unser Lehrer führt Selbstgespräche. Macht euer Lehrer das eigentlich auch?" Johanna erwidert: „Ja, aber er merkt es nicht, denn er glaubt, dass wir ihm zuhören."

Johannes kommt von der Schule nach Hause und erzählt freudestrahlend: „Papa, ich war heute der Einzige, der sich gemeldet hat!" Der Vater freut sich: „Prima! Was hat die Lehrerin denn gefragt?"
Johannes antwortet: „Sie hat gefragt, wer seine Hausaufgaben nicht gemacht hat."

Die Lehrerin fragt Maurice: „Wenn ich sage ‚ich bin krank', was ist das dann für eine Zeit?" Maurice antwortet: „Eine sehr schöne Zeit, Frau Beier."

Pascal schläft während des Unterrichts. Der Lehrer weckt ihn auf und schimpft: „Ich kann mir nicht vorstellen, dass das der richtige Platz zum Schlafen ist."
Pascal erwidert: „Ach, Herr Lang, das passt schon, Sie müssten nur etwas leiser sprechen …"

Im Biologieunterricht sagt der Lehrer: „Bei jedem Atemzug, den ich mache, stirbt auf der Erde ein Mensch."
Darauf flüstert jemand in der letzten Reihe: „Na, dann würde ich es mal mit Zähneputzen versuchen."

Nachdem der Deutschlehrer die Aufsätze zurückgegeben hat, meldet sich Simon und fragt: „Entschuldigung, Herr Kunz, aber ich kann leider nicht entziffern, was Sie unter meinen Aufsatz geschrieben haben."
Der Lehrer geht zu ihm hin, schaut sich seinen Kommentar an und sagt dann: „Simon, ich habe da angemerkt, dass deine Schrift leserlicher werden muss."

Die Lehrerin fragt im Sachkundeunterricht Finja: „Nenne mir doch bitte mal alle Sinne, die du kennst."
Finja antwortet: „Unsinn, Widersinn, Schwachsinn, Blödsinn."

Katharina ist frisch zugezogen. Am ersten Tag in ihrer neuen Schule setzt sie sich zu einem Mädchen, neben dem noch ein Platz frei ist. Neugierig fragt sie nach ei-

17

ner Weile ihre schläfrige Banknachbarin: „Wann macht ihr denn eure große Pause?"

Die Banknachbarin gähnt zunächst herzhaft und erwidert dann: „Nie … wir schlafen durch."

Der französische Austauschschüler will von Nico wissen: „Ist ‚schlagen' und ‚prügeln' eigentlich dasselbe?"

Nico antwortet: „Im Prinzip schon."

Der Austauschschüler: „Und warum lachen dann immer alle, wenn ich sage: ‚Es hat zehn Uhr geprügelt'?"

In Biologie erklärt der Lehrer: „Ein Maulwurf futtert täglich fast so viel, wie er selbst wiegt."

Manuel zieht die Augenbrauen hoch und fragt: „Und woher weiß so ein Maulwurf, wie viel er wiegt?"

Im Matheunterricht schimpft die Lehrerin mit einem Schüler: „Jetzt kannst du das kleine Einmaleins immer noch nicht, es ist zum Verzweifeln mit dir! Ich glaube, wenn du eine Fliege verschluckst, hast du mehr Verstand im Magen als im Kopf."

18

Beim Elternsprechtag sagt die Klassenlehrerin zu Henris Mutter: „Ich mache mir große Sorgen um die Versetzung Ihres Sohnes. Er muss mehr tun, vor allem in Erdkunde steht er auf einer Fünf."
Henris Mutter entgegnet: „Ach, Frau Meier, das ist nicht so schlimm, wir fahren sowieso immer nur nach Spanien in den Urlaub."

In Deutsch möchte die Lehrerin von Tabea wissen: „Und was weißt du von Schillers Werk?" Tabea antwortet: „Keine Ahnung … ist das ein großer Betrieb?"

In Geschichte fragt die Lehrerin: „Angelina, was weißt du von den alten Griechen?" Angelina überlegt etwas und erwidert dann: „Die sind alle tot."

Im Sachkundeunterricht schreibt die Lehrerin die römische Zahl XXXII an die Tafel und fragt dann: „Wer kann mir sagen, was das bedeutet?"
Sofort meldet sich Ronja, deren Eltern eine Kneipe haben, zu Wort: „Drei Korn und zwei Pils."

19

In einer Schule in der Schweiz. Paul fragt seinen Lehrer: „Herr Büchli, können Sie mir bitte sagen, was ein Bezirkstier ist?" Herr Büchli ist ratlos: „Bezirkstier? Nie gehört. So etwas gibt es doch gar nicht."
Paul darauf: „Und für wen ist dann der Bezirkstierarzt zuständig?"

Der Lehrer fragt den neuen Schüler: „Lukas, wie heißen denn deine Eltern?"
Lukas gibt Auskunft: „Schatzi und Schnuckelbär."

„Wie schreibt man ,Saxofon'?", möchte die Lehrerin von Marvin wissen. Marvin erklärt: „Das schreibt man nicht, das spielt man!"

Der Lehrer steht an der Tafel und erklärt etwas. Plötzlich ruft Daniel: „Lauter, bitte!"
Darauf sagt der Lehrer: „Daniel, entschuldige vielmals, ich dachte nicht, dass mir jemand zuhört."

In einer oberbayerischen Schule sagt der Deutschlehrer: „So, nun haben wir gelernt, dass man Verben konjugiert. Nomen werden dagegen dekliniert: ‚der Mann, des Mannes, dem Mann, den Mann‘ und so weiter."
Tobi unterbricht den Vortrag des Lehrers: „Herr Müller, ich kenne aber ein Nomen, das man konjugiert."
„Und welches?", fragt der Lehrer überrascht.
Tobi: „Es handelt sich um das Nomen ‚Magnet'. Das wird so konjugiert: ‚i mag net, du magst net, er mag net, sie mag net, ...'"

„Wer weiß, wo der Waffenstillstand unterzeichnet wurde, der den Ersten Weltkrieg beendete?", möchte der Lehrer in Geschichte wissen.
Sofort meldet sich Alexander: „Unten links."

Die Lehrerin fragt die neue Schülerin: „Marlene, wie heißt du denn mit Nachnamen?"
Marlene antwortet: „Mlynáský."
Die Lehrerin sagt: „Gut, Marlene. Kannst du uns das bitte mal buchstabieren?"
Marlene: „Frau Lehrerin, ich glaube, ich habe mich getäuscht, ich heiße eigentlich ‚Müller' mit Nachnamen."

In Mathe stellt der Lehrer eine Aufgabe: „Wie viel sind zwei Drittel von drei Achtzehntel?" Konstantin meint dazu cool: „Muss man sich über so etwas denn den Kopf zerbrechen? Viel kann das ja nicht sein, oder?"

Streng sagt der Vater zu seiner Tochter: „Eva, dein Englischlehrer hat mich heute angerufen. Er hat sich beklagt, dass es ihm nicht möglich wäre, dir etwas beizubringen!"
„Siehst du!", antwortet Eva, „ich habe dir ja schon ein paar Mal gesagt, dass der nichts auf dem Kasten hat."

Der Vater schaut sich das Zwischenzeugnis seiner Tochter an und fragt dann verärgert: „Chantal, du hast mir doch neulich noch erzählt, dass du in fünf Fächern auf einer Eins stehen würdest. Jetzt sehe ich da keine einzige Eins, dafür aber eine dicke Fünf in Mathe – kannst du mir das erklären?"
Chantal antwortet: „Da wird der Klassenlehrer wohl die ganzen Einsen zusammengezählt haben, um nicht so viel Schreibarbeit mit meinem Zeugnis zu haben …"

„Nenne mir bitte die Zeitformen von ‚essen'!", fordert der Deutschlehrer Noah auf.

Noah antwortet: „Ich werde essen … ich esse … ich aß … ich habe gegessen … ich bin satt."

„Wer von euch weiß, wie Tau entsteht?", fragt der Lehrer im Sachkundeunterricht. Alicia glaubt, die richtige Antwort zu kennen, und sagt: „Weil sich die Erde so schnell um sich selbst dreht, kommt sie ganz furchtbar ins Schwitzen – das ist dann der Tau."

Die Chemielehrerin fragt: „Was passiert mit Kupfer, wenn man es an der frischen Luft liegen lässt?"

Benedikt meldet sich: „Es wird wohl bald von jemandem gestohlen werden."

Im Religionsunterricht fragt die Lehrerin: „Warum glaubt ihr, dass Adam und Eva im Paradies die Früchte vom Baum der Erkenntnis nicht essen sollten?"

Josefine meldet sich: „Vielleicht, weil die mit Pflanzenschutzmittel gespritzt waren?"

23

In Deutsch wird ein Aufsatz zum Thema „Faulheit" geschrieben. Mindestens drei Seiten soll jeder Schüler dazu verfassen. Schon nach einer Minute gibt Jonas ab. Verblüfft schaut sich die Lehrerin seinen Bogen an – auf der ersten Seite steht groß „Das", auf die zweite Seite hat Jonas in großen Buchstaben „ist" geschrieben und auf der dritten Seite ist das Wort „Faulheit" zu lesen …

Bastian, dessen Vater Richter ist, kommt mal wieder ganz spät von der Schule nach Hause. Seine Mutter fragt: „Bastian, warum musstest du denn jetzt schon wieder nachsitzen?" Bastian erklärt: „Ach, es ging in Sachen ‚Rechtschreibung/Bastian Müller gegen Duden' in die nächste Runde."

In Physik sagt die Lehrerin zu den Schülern: „Und bitte merkt euch, dass man seit 1978 für den Druck nicht mehr die Maßeinheit ‚atü' verwendet, sondern nur noch die Maßeinheit ‚bar'."
Darauf flüstert ein Schüler: „Ach, deswegen machen die Feuerwehrautos seitdem ‚Tbartata, tbartata'!"

24

Sabrinas Vater ist Opernsänger. Als Sabrina eingeschult wird, kann er leider nicht dabei sein, weil er gerade auf Tournee ist. Aber natürlich ruft er abends an und fragt sofort: „Sabrina, wie war denn dein erster Schultag?"
Sabrina ist begeistert: „Super – volles Haus, bis auf den letzten Platz ausverkauft! Nur die Souffleuse ist etwas gewöhnungsbedürftig …"

Maximilian berichtet beim Mittagessen von seinem Schultag: „Heute hat mich die Physiklehrerin mit Albert Einstein verglichen."
„Donnerwetter, das ist aber eine Auszeichnung!", freut sich der Vater. „Was hat sie denn genau gesagt?"
Maximilian erwidert: „Sie hat gesagt: ‚Einen Albert Einstein werden wir wohl nie aus dir machen können.'"

„Fabio, wie ich sehe, hast du deine Hausaufgabe nicht gemacht. Was hast du dazu zu sagen?", fragt der Deutschlehrer. „Sie haben uns aufgefordert, unser Zimmer zu beschreiben", erwidert Fabio. Der Lehrer: „Das stimmt. Und weiter?" Fabio: „Das habe ich gemacht, aber als ich die erste Wand zur Hälfte vollgeschrieben hatte, ist mein Vater gekommen und hat mir eine gescheuert."

25

Im Englischunterricht fragt Herr Fröhlich: „Ida, kannst du mir sagen, was ‚neun' auf Englisch heißt?"
Ida erwidert: „Nein, Herr Fröhlich!"
„Richtig, Ida, sehr gut!", lobt sie darauf der Lehrer.

Marius kommt nach dem letzten Schultag nach Hause, wedelt mit seinem Zeugnis und sagt freudestrahlend zu seiner Mutter: „Mama, Mama, gute Nachrichten: Mein Vertrag für die vierte Klasse wurde heute verlängert!"

In Mathe fragt der Lehrer Milena: „Wie viel müssen deine Eltern bezahlen, wenn sie dem Bäcker 50 Euro, dem Metzger 60 Euro, dem Gemüsehändler 30 Euro und dem Café an der Ecke 20 Euro schulden?"
Milena zuckt mit den Schultern: „Keine Ahnung – wir ziehen immer um, wenn es so weit ist."

Tobias kommt zu spät zum Unterricht. Als Entschuldigung sagt er zur Lehrerin: „Frau Baumann, ich bin überfallen und ausgeraubt worden!"
Die Lehrerin geht zum Spaß darauf ein und möchte

26

Näheres wissen: „Du Ärmster! Und was hat man dir geraubt?" Tobias darauf erleichtert: „Zum Glück nur meine Hausaufgaben!"

In Deutsch sagt die Lehrerin zur Klasse: „Ich bitte um drei Sekunden Aufmerksamkeit – Selina liest jetzt ihre Hausaufgabe vor."

Am ersten Schultag macht sich die Lehrerin mit den neuen Schülern und Schülerinnen bekannt. Als sie bei Theresa angekommen ist, ruft sie entsetzt: „Du meine Güte, was hast du denn für schmutzige Hände?"
Theresa erwidert: „Das ist ja noch gar nichts, sie sollten erst mal meine Füße sehen."

Der Lehrer fragt: „Kann mir einer von euch sagen, was das Morgengrauen ist?"
Eine Weile herrscht Stille, doch dann meldet sich Mara: „Das ist das Grauen, das einen überkommt, wenn man morgens zur Schule muss."

Familie Fröhlich
& Freunde

Jan und sein Freund Tim unterhalten sich. Jan sagt: „Mein Vater ist Numismatiker."

Tim kann damit nichts anfangen: „Was ist denn das?"

Jan erklärt: „Das ist jemand, der Münzen sammelt."

Tim darauf: „Komisches Fremdwort ... ich dachte, die heißen einfach Bettler."

Der Opa erklärt seiner Enkelin das Wetter: „Mia, mit dem Wetter ist das so: Wenn der liebe Gott lacht, dann scheint die Sonne und wenn er weint, dann regnet es."

Am nächsten Morgen herrscht dichter Nebel, man sieht kaum die Hand vor Augen. Mia fragt ihren Opa: „Und jetzt hat sich der liebe Gott wohl ein Pfeifchen angezündet?"

Justus hüpft mitten in der Nacht aus seinem Bett, zieht das Laken von der Matratze und fängt an, es zusammenzulegen. Seine kleine Schwester wird davon wach und fragt ihn: „Justus, was treibst du denn da?"

Justus erklärt es ihr: „Ach, nichts ... Ich spiele nur ein bisschen Nachtfalter."

Im Badezimmer herrscht das totale Chaos. Die Mutter kreischt entsetzt: „Ach, du meine Güte! Wer war denn hier zuletzt drin?" „Sieht man das denn nicht ...?", fragt Manuel aus seinem Zimmer.

Nils fragt seinen Vater: „Papa, darf ich mir die Sonnenfinsternis ansehen?" Der Vater antwortet: „Klar, aber geh nicht zu nahe ran."

Selina unterhält sich mit ihrer besten Freundin Laura. Selina sagt: „Wenn ich Cola trinke, kann ich nicht schlafen." Laura meint darauf: „Bei mir ist es genau umgekehrt: Wenn ich schlafe, kann ich keine Cola trinken."

Pia kleidet sich gern punkig. Im Klamottenladen hat sie sich ein neues Kleid herausgesucht. Bevor sie es nimmt, fragt sie jedoch den Verkäufer: „Wie ist das – kann ich das Kleid umtauschen, wenn es meinen Eltern gefällt?"

Tom schaut mal wieder interessiert zu, wie sein kleiner Bruder Tim gewickelt wird. Als der Papa dieses Mal den Puder vergisst, ruft Tom ganz aufgeregt: „Halt, Papa, du hast vergessen, Tim zu salzen!"

„Du, Papa, was ist das für ein Satz: ‚Es ist kein Bier im Haus'?", möchte Nina bei den Deutschhausaufgaben von ihrem Vater wissen. Der antwortet umgehend: „Das ist kein Satz, das ist eine Katastrophe!"

Maja ist bei ihrem Opa zu Besuch. Der Opa sagt zu ihr: „Meine liebe Maja, zu Weihnachten darfst du dir ein Kleidungsstück von mir wünschen." Darauf Maja: „Toll, Opa, dann hätte ich gern deinen Sparstrumpf."

Leon und sein Bruder machen mit ihrem Vater einen Ausflug. Als sie in den Bus einsteigen, fragt der Vater den Fahrer: „Muss ich für die Kinder auch etwas zahlen?" Der gestresste Busfahrer antwortet ihm kurz angebunden: „Unter sechs nicht."
Darauf der Vater: „Das ist ja gut … es sind nur zwei."

32

Tim löchert seine Großmutter: „Du, Oma, warum hat denn der Opa so wenige Haare auf dem Kopf?"

Die Oma erklärt: „Weil er sein ganzes Leben lang immer so viel nachgedacht hat."

Tim fragt weiter: „Und warum hast du so viele Haare auf dem Kopf?"

Die Oma wird unwirsch: „Tim, ich glaube, es ist besser, du gehst jetzt ein bisschen raus zum Spielen!"

Der Opa sagt stolz zur versammelten Familie: „So, ich habe mir heute ein neues Hörgerät gekauft – jetzt kann ich euch endlich wieder hören."

Die kleine Leonie fragt interessiert: „Opa, wie viel hat es denn gekostet?" Der Opa schaut sie an, schüttelt den Kopf und sagt: „Nein, Leonie, es rostet nicht."

Sebastian blättert andächtig in der Tageszeitung. Plötzlich fragt er seine Mutter: „Du, Mama, hier steht, dass sie im Theater ‚Komparsen' suchen. Was ist denn ein ‚Komparse'?" Die Mutter erklärt es ihm: „Komparsen, das sind Menschen, die nur herumstehen müssen und nichts zu sagen haben." Da fragt Sebastian freudig erregt: „Mensch, wäre das nicht etwas für Papa?"

33

Opa Herbert läuft hektisch in der Wohnung herum. Seine Enkeltochter Klara fragt ihn daher: „Opa, was ist denn los? Suchst du etwas?"
Der Opa erklärt: „Ja, meine Brille. Aber die kann ich erst richtig suchen, wenn ich sie aufhabe …"

Lukas ist bei seiner Oma Ursula zu Besuch. Heute ist er besonders wissensdurstig: „Oma, warum ist denn der Himmel blau?" Die Oma antwortet: „Mein Junge, ich weiß es leider nicht."
Doch Lukas brennt schon die nächste Frage auf den Nägeln: „Oma, warum quaken denn die Frösche?"
Die Oma zuckt mit den Schultern: „Tut mir leid, Lukas, aber auch das kann ich dir nicht sagen!"
Lukas fragt nun: „Du, Oma, nerve ich dich mit meinen Fragen?"
Die Oma antwortet: „Nein, nein, mein Junge, frag nur weiter, sonst lernst du ja nichts."

Der Papa hat Jannik beim Lügen erwischt und schimpft jetzt mächtig mit ihm: „Jannik, in deinem Alter habe ich meine Eltern nie angelogen!" Jannik fragt interessiert: „Und wann hast du damit angefangen?"

„Papa, Papa, ich glaube, das Faxgerät ist kaputt!", klagt Simone. „Komisch, die ganze Zeit ging es doch noch", sagt der Vater und fragt: „Was ist denn mit dem Ding?" Simone erklärt: „Ich habe meiner Freundin einen Brief geschrieben und jetzt schon dreimal versucht, ihn ihr zu faxen, aber der Brief kommt jedes Mal wieder heraus!"

Gabriel kommt zu seinem Vater und erzählt ganz stolz: „Papa, ich habe mir heute eine Gitarre gebaut." Der Vater erwidert: „Freut mich, dass du so tüchtig bist, mein Junge. Aber wo hast du denn die Saiten her?" Gabriel erklärt: „Aus deinem Klavier."

Simon und seine kleine Schwester Lilli stöbern in den Küchenschränken nach Süßigkeiten. Als sie endlich die Tafel Schokolade gefunden haben, die die Mama dort versteckt hat, zuckt ein Blitz über den Himmel. Simon sagt darauf zitternd zu seiner Schwester: „Auweia … Lilli, ich glaube, der liebe Gott hat von uns gerade ein Foto für seine Sünderkartei geschossen!"

35

Die Tante fragt Michelle: „Was hat dir denn dein großer Bruder zu Weihnachten geschenkt?"

Michelle antwortet: „Ein leeres Sparschwein."

„Na, das sieht ihm mal wieder ähnlich!", ärgert sich die Tante.

Darauf Michelle: „Nö, eigentlich überhaupt nicht."

Im Nachbarhaus ist eine Scheibe zu Bruch gegangen. Die Mutter hat sofort ihren Sohn in Verdacht: „Lukas, hast du etwas damit zu tun?", fragt sie ihn streng.

„Ja, ich war's, es tut mir leid", erklärt Lukas kleinlaut, „ich war gerade dabei, meine Schleuder zu reinigen, da hat sich aus Versehen ein Schuss gelöst."

Marlon stürmt in das Zimmer seiner Schwester und ruft fröhlich: „Alina, gerade ist mir das ideale Geburtstagsgeschenk für dich eingefallen!"

„Ach ja? Und was wäre das bitte schön?", fragt Alina interessiert. Marlon freut sich: „Ich schenke dir eine nigelnagelneue Füllung für deinen Strandball."

Martin kommt freudestrahlend von der Schule nach Hause und sagt zu seiner Mutter: „Mama, heute hast du mir echt ein super Pausenbrot mitgegeben – ich konnte es für sage und schreibe drei Euro verkaufen!"

Der Opa ist zu Besuch. Plötzlich schnappt sich die kleine Sarah dessen Hut und fängt an, daran zu lecken. Da jetzt alle ganz erstaunt schauen, erklärt Sarah: „Papa, du hattest recht, der neue Hut vom Opa ist wirklich geschmacklos!"

Jule hat ein kleines Brüderchen bekommen. Ihre Freundin ist natürlich neugierig: „Wem sieht der Kleine denn ähnlich?" Jule antwortet: „Also, den Mund hat er vom Papa, die Augen von der Mama und die Stimme von einem Feuerwehrauto."

Pauline liegt mit Grippe im Bett. Als der Arzt sie untersucht hat, sagt sie zu ihm: „Herr Doktor, ich kann die Wahrheit vertragen – wann muss ich wieder in die Schule?"

Die Mutter sagt zu ihrem zwölfjährigen Sohn: „Julius, zähl doch bitte mal bis zehn!"
„Warum?", fragt Julius. Die Mutter erklärt: „Ich brauche mal eine halbe Stunde meine Ruhe."

Anna fragt ihren Vater: „Du, Papa, ist es wahr, dass Pferde im Stehen schlafen?" Der Vater antwortet: „Ja, das ist richtig, Anna. Jedenfalls tun das die, auf die ich beim Pferderennen immer wette …"

Antonia steht am Straßenrand und weint. Nach einiger Zeit kommt ein Mann vorbei und fragt: „Kind, warum weinst du denn?"
Antonia erklärt unter Tränen: „Meine Mama hat gesagt, dass ich erst alle Autos vorbeilassen soll, aber jetzt warte ich schon seit Stunden hier und es kommt und kommt einfach keines."

Die kleine Jette kommt nach Hause und erzählt stolz: „Ich habe heute gleich vier Hufeisen gefunden – wisst ihr, was das bedeutet?"

Der große Bruder antwortet gelangweilt: „Na logo – dass jetzt irgendwo da draußen ein Pferd barfuß durch die Gegend läuft."

Im Kindergarten fragt die Erzieherin den kleinen Nils: „Wir haben gehört, dass du ein Schwesterchen bekommen hast. Wie heißt die Süße denn?"
Darauf zuckt Nils mit den Schultern und sagt: „Das wissen wir noch nicht, sie spricht so undeutlich."

Vanessa fragt im Urlaub ihren Opa: „Opa, warum wandern denn die Dünen?" Der Opa antwortet: „Ganz einfach – die wollen dem Touristenrummel entkommen."

Schon seit Stunden überhäuft Chiara ihren Vater mit Fragen. Jetzt möchte sie von ihm wissen: „Papa, warum ist denn im Meer so viel Wasser?"
Der Vater antwortet darauf etwas genervt: „Weil sonst die Schiffe zu viel Staub aufwirbeln würden."

39

Der Vater sagt mit ernster Miene zu Fiona: „Fiona, ich war gestern auf dem Elternabend … dein Klassenlehrer macht sich große Sorgen um deine Versetzung!"
Fiona winkt lachend ab: „Ach, Papa, was gehen uns die Sorgen anderer Leute an?"

Nachmittags ist Pascal bei seiner Oma zu Besuch. Begeistert erzählt er: „Du, Oma, ich war heute in Biologie der Einzige, der sich gemeldet hat!"
Die Oma freut sich: „Ganz toll, Pascal! Was hat die Lehrerin denn gefragt?" Pascal erwidert: „Sie hat gefragt, wer von zu Hause ein paar Läuse mitbringen könnte."

Zwei Babys – ein Junge und ein Mädchen – werden gerade vom Klapperstorch an ihre zukünftigen Familien ausgeliefert. Als sie so unter dem Storchenschnabel durch die Lüfte fliegen, fragt der Junge das Mädchen: „Du, kommst du auch gerade zur Welt?"
Darauf das Mädchen: „Klar, was sonst? Oder meinst du vielleicht, dass die mich als Stewardess mitgeschickt haben?"

„Na, wie haben dir denn meine selbst gebackenen Plätzchen geschmeckt?", fragt die Oma ihren Enkelsohn Johannes. Johannes antwortet: „Das kann ich dir nicht sagen, ich habe sie alle meinem Schulfreund geschenkt." Darauf die Oma: „Und wie haben sie dem geschmeckt?"
Johannes zuckt mit den Schultern: „Das kann ich dir leider auch nicht sagen … er hat seitdem in der Schule gefehlt."

Am letzten Schultag kommt Konstantin mit einem miserablen Zeugnis nach Hause. Er sagt zu seinem Vater: „Papa, hier ist mein Zeugnis. Fernsehschauen macht mir übrigens schon die ganze letzte Zeit keinen Spaß mehr."

Die Mutter hilft Larissa mal wieder bei den Hausaufgaben. Missmutig fragt Larissa: „Mama, stimmt es eigentlich, dass die Lehrer ein Gehalt bekommen?"
Die Mutter schaut verwundert: „Was ist das denn für eine Frage, Larissa? Natürlich werden die Lehrer bezahlt!" Larissa darauf: „Und warum machen wir dann die ganze Arbeit?"

Mara fragt ihren Vater: „Papa, wir schreiben morgen eine Schularbeit, kannst du mir etwas über Alexander den Großen sagen?"

Der Vater weist sie zurecht: „Na hör mal, wer von uns beiden geht denn noch in die Schule und soll etwas lernen? Hol dir bitte die Bibel und schau selbst nach!"

Moritz wird bald 18 Jahre alt. Daher sagt er zu seinem Vater: „Dad, meinst du nicht auch, dass ich jetzt alt genug bin, um mit dem Führerschein anzufangen?"

Der Vater erwidert: „Du schon, aber unser Auto noch nicht."

Lina geht mit ihrem kleinen Bruder an der Hand die Straße entlang. Der kleine Bruder weint ganz fürchterlich. Eine Nachbarin fragt daher: „Lina, warum heult denn dein Bruder so?"

Lina erklärt: „Heute haben die Herbstferien begonnen." Die Nachbarin zieht fragend die Augenbrauen hoch: „Und deswegen weint er?" Lina darauf: „Ja, denn er geht noch nicht in die Schule."

Der Vater sagt zu seiner Tochter: „Juliana, trägst du bitte den Müll runter und bringst auf dem Rückweg gleich die Post mit? Du hast noch die jüngeren Beine."
Juliana hat keine rechte Lust und antwortet daher mit einer Frage: „Papa, sollten wir denn nicht erst die älteren aufbrauchen?"

Philip hat im Keller gestöbert und dabei einen Laufstall entdeckt. Aufgeregt rennt er zu seinem Bruder Elias und ruft: „Elias, wir werden bald ein kleines Geschwisterchen bekommen – die Falle ist schon aufgestellt!"

Die kleine Diana streckt ihrer älteren Schwester die zu einer Faust geschlossene rechte Hand hin und sagt: „Jessica, wenn du errätst, wie viele Gummibärchen ich in der Hand habe, dann gehören alle sieben dir!"

Die Mutter ruft aus der Küche: „Kinder, kommt nörgeln, das Essen ist fertig!"

43

Der kleine Lennard kommt in Berlin in die Schule. Nach dem ersten Tag wird er von der Lehrerin gefragt: „Ich habe gehört, dass du aus dem Fichtelgebirge stammst?" Lennard antwortet: „Ja, zum größten Teil – meine Haare und Zähne habe ich später in Berlin bekommen."

Nele ist mit ihrer Mutter beim Fotografen, um Passfotos machen zu lassen. Der Fotograf sagt zu Nele: „So, Mädchen, nun pass schön auf, gleich kommt hier vorn ein kleines Vögelchen heraus!"
Darauf Nele zum Fotografen: „Passen Sie lieber auf Blende und Verschlusszeit auf, sonst können Sie die Aufnahme gleich vergessen!"

Emil und seine Schwester Isabell trauen sich abends nicht nach Hause zu gehen, weil sie auf dem Spielplatz die Zeit vergessen haben und es jetzt schon wieder viel zu spät geworden ist. „Wenn wir jetzt kommen, machen Papa und Mama bestimmt mächtigen Ärger", sagt Emil.
Darauf meint Isabell: „Gut, dann warten wir noch, bis es dunkel ist, dann freuen sie sich, dass sie uns überhaupt wiederhaben."

Nach dem ersten Schultag fragt die Tante den Sohn des Eisenbahnschaffners: „Na, Timo, wie hat dir denn dein erster Schultag gefallen?"

Timo antwortet ganz empört: „Alles Betrug! An der Klassenzimmertür stand auf einem Schild ‚1. Klasse', aber als wir dann reingegangen sind, standen da nur unbequeme Holzstühle herum!"

Felix sagt zu seiner großen Schwester Lara: „Ich glaube, dass es auf dem Mond Leben gibt."

Lara erwidert schnippisch: „Du Dreikäsehoch gehst ja noch nicht mal in die Schule, woher willst du das denn wissen?" Felix erklärt es ihr: „Na, ganz einfach, da brennt doch jeden Abend Licht."

Annika sagt zu ihrer ein Jahr älteren Schwester Lisa: „Ätsch, bätsch, ich kann schon das ganze Esel-Alphabet und du nicht!" „Esel-Alphabet? Das gibt es doch gar nicht", sagt Lisa höhnisch.

„Gibt es wohl", erwidert Annika, „und zwar geht das so: i, a."

Die Mama schimpft: „Till, gerade habe ich in deiner Schultasche eine lebendige Schnecke gefunden!"
Till fragt entsetzt: „Und was ist mit den Fröschen … die sind wohl nicht mehr drin?"

Anna daddelt mit ihrer Playstation. Da kommt ihr Vater ins Zimmer und schaut ihr zu. Darauf meint Anna: „Papa, das ist viel zu kompliziert für dich, geh lieber in den Hobbykeller und spiel mit deiner Modelleisenbahn."

Die Mutter fragt: „Matthias, weißt du, wo die Schokolade ist?" Matthias antwortet: „Ja, Mama!"
Die Mutter darauf: „Ah ja … dann werde ich sie wohl woanders verstecken müssen."

„Oma Inge, bitte spiel mit uns!", betteln Björn und Andreas. „Wir spielen Karneval! Wir sind die Zuschauer."
Die Oma fragt: „Und was bin ich dabei?"
Die Enkelkinder antworten: „Du bist die Karnevalsprinzessin, die die Bonbons in die Menge wirft."

46

Andreas beschwert sich bei seinen Eltern: „Wenn ihr Carina eine Geige kauft, müsst ihr mir auch ein Fahrrad kaufen!" „Und wieso das bitte?", fragt die Mutter. „Damit ich wegfahren kann, wenn Carina übt."

Nick kommt schreiend aus dem Garten in die Küche gerannt: „Mama, Mama, schnell, Timmi ist ohnmächtig geworden!"
Die Mutter setzt sich sofort in Richtung Garten in Bewegung und fragt beim Hinauslaufen: „Du liebe Zeit, wie ist das denn passiert?"
Nick antwortet: „Beim Tischtennisspielen saß plötzlich eine Wespe auf Timmis Kopf, da bin ich schnell zu ihm hin und habe das Biest mit meinem Tischtennisschläger erschlagen."

Pia kommt total verdreckt vom Fußballspiel nach Hause. Die Mutter sagt kein Wort, sondern zeigt nur streng auf die Tür des Badezimmers. Darauf sagt Pia: „Mama, waschen ist sinnlos, das Rückspiel ist schon heute in einer Woche."

47

Die kleine Jasmin ist bei ihrer Oma zu Besuch. Die Oma hat eine Katze. Jasmin streichelt die Katze und nach einer Weile springt das Tier auf den Schoß von Jasmin und fängt an zu schnurren. Erstarrt vor Schreck ruft Jasmin darauf: „Oma, Oma, wie stellt man denn bei deiner Katze den Motor wieder ab?"

Kai fragt seine Schwester: „Du, Eva, kann ich ein Foto von dir haben?" „Na klar, gern", antwortet Eva. „Wozu brauchst du das denn?"
Kai: „Für die Schule … wir sollen morgen Bilder von Naturkatastrophen mitbringen."

Florian hat ein kleines Brüderchen bekommen. Nach ein paar Tagen fragt er seine Mutter: „Mama, das kleine Brüderchen hat uns der Himmel geschickt, oder?"
Die Mutter antwortet lächelnd: „Ja, mein Sonnenschein, genauso ist es."
Darauf Florian: „Na, ich kann mir schon denken, wieso die den Schreihals dort oben nicht mehr haben wollten."

Linus schaut gemeinsam mit seiner Oma fern. Die Oma liebt Ballett. Nach einer Weile fragt Linus: „Du, Oma, die Männer und Frauen tanzen alle auf ihren Zehenspitzen – warum nehmen die Leute vom Theater denn nicht gleich größere Personen?"

Der Vater stürmt in Lauras Zimmer und schimpft: „Laura, das Essen ist fertig! Fünf Mal habe ich jetzt schon nach dir gerufen! Es ist zum Verzweifeln! Was soll nur einmal aus dir werden?"
„Kellnerin vielleicht?", schlägt Laura darauf ihrem Papa vor.

Freudestrahlend sagt der Vater zu seiner Tochter: „Stell dir vor, Johanna, du hast gestern Nacht ein Brüderchen bekommen!" „Toll!", erwidert Johanna und fragt dann: „Weiß es Mama schon?"

Auf der Fahrt in den Urlaub streiten sich Tante Erika und Onkel Horst im Auto ganz heftig. Nachdem sie sich gegenseitig alle möglichen Dinge an den Kopf geworfen haben, herrscht Schweigen. Eine ganze Stunde vergeht, ohne dass einer von beiden etwas sagt. Dann plötzlich fahren sie an zwei Eseln vorbei, die auf einer Wiese stehen, und Onkel Horst fragt boshaft: „Verwandtschaft von dir?"

„Ja, angeheiratete", kontert Tante Erika.

Die Eltern von Klaras Freundin haben sich einen Mikrowellenherd gekauft. Als Klara nach einem Besuch bei ihrer Freundin nach Hause kommt, sagt sie zu ihrer Mutter: „Mama, die Piepers kochen ihr Essen jetzt im Fernseher!"

Melissa ist während des Griechenlandurlaubs mit ihrem Vater im Museum. Vor einer antiken Statue, die „Der Sieger" heißt, bleiben sie länger stehen. Der Figur fehlen ein Arm und ein Bein und am Kopf die Nase und ein Ohr. Nach einer Weile meint Melissa ganz entsetzt: „Du liebe Güte! Wie mag denn dann erst der Verlierer aussehen?"

Als Oliver seiner Mutter sein Zeugnis zeigt, ist die ganz ungehalten: „Das ist ja unglaublich … ‚Betragen mangelhaft‘! Du solltest dir mal ein Beispiel an deinem Vater nehmen – der wird nächste Woche wegen guter Führung vorzeitig aus der Haft entlassen."

Ein Student schreibt eine Postkarte an seine Eltern: „Liebe Mama, lieber Papa, jetzt habe ich schon seit Ewigkeiten nichts mehr von euch gehört. Schickt mir doch bitte einen Scheck über 1000 Euro, damit ich weiß, dass es euch gut geht."

Saukomisch!

Zwei Kamele treffen sich in der Wüste. Fragt das eine das andere: „Sag mal, warum trägst du denn eigentlich diese Sandalen?"

Das andere Kamel antwortet: „Blöde Frage ... na, damit ich nicht im Sand versinke!"

Zwei Schafe stehen auf der Wiese. Das eine sagt: „Mäh!" Darauf das andere: „Pfff, mäh doch selbst!"

Für die Holzwurmkinder wird es Zeit zum Schlafengehen. Die Holzwurmmami ruft deshalb laut: „Kinder, jetzt aber husch, husch, ab ins Brettchen!"

Im Goldfischglas sagt ein Goldfisch zu seinen Kollegen: „Hey Leute, heute ist endlich mal wieder Ausschwimmen in der großen Badewanne angesagt!"

Einer der anderen Goldfische möchte wissen: „Ach ja, wie kommst du denn darauf?"

Da sagt der erste: „Na, unsere Besitzer feiern doch heute wieder ihre Sommerparty und da gibt es doch immer Erdbeerbowle."

Ein Eisbär sagt zu seinen Freunden: „Mensch Jungs, lasst uns doch nach Afrika auswandern!"

Die Begeisterung der anderen hält sich in Grenzen: „Und was sollen wir da?" Der Eisbär antwortet: „Na, sonnenbaden und Braunbären werden!"

Zwei Zugvögel überqueren auf ihrem Weg in den Süden einen spanischen Badestrand, auf dem sich Tausende von Touristen aufhalten. Da sagt der eine zum anderen: „Sieh dir das mal an – die sind alle in der Mauser!"

Ein Bär spaziert durch den Wald. Plötzlich stößt er auf einen Hasen, der so tut, als würde er Auto fahren: Der Hase bewegt ein gedachtes Lenkrad und macht Motorengeräusche. „Der spinnt ja total!", denkt sich der Bär und geht kopfschüttelnd weiter.

Nach einiger Zeit trifft er erneut auf einen Hasen, der so tut, als ob er Auto fährt. „Ja, ist das denn zu fassen?", fragt sich der Bär und bricht in schallendes Gelächter aus. Als er sich wieder beruhigt hat, ist der Hase verschwunden und der Bär setzt seinen Spaziergang fort.

Schließlich kommt er zu einer Parkbank, auf der ein Hase sitzt und Zeitung liest. Der Bär sagt zu ihm: „Na endlich mal ein Hase, der noch alle Tassen im Schrank hat. Sag mal, was ist denn mit deinen Freunden los? Die tun alle so, als ob sie Auto fahren würden!"

Darauf springt der Hase entsetzt auf und ruft: „Mist, sind die wohl schon ohne mich losgefahren?"

Sagt eine Kuh zu einem Polizisten: „Stellen Sie sich vor, mein Mann ist auch Bulle."

Im Spätherbst kriecht eine Schnecke an einem Kirschbaum hoch. Da kommt ein Spatz vorbeigeflogen und fragt die Schnecke erstaunt: „Sag mal, was willst du denn da oben auf dem Baum?"

Die Schnecke antwortet: „Kirschen futtern!"

Der Vogel zwitschert: „Was? Aber da sind doch gar keine Kirschen!"

Darauf die Schnecke: „Wenn ich oben bin schon."

Zwei Haselmäuse sitzen im Herbst in ihrem Nest und schauen zu, wie die Blätter von den Bäumen fallen. Da meint die eine Haselmaus zur anderen: „Also, irgendwann lasse ich den Winterschlaf mal ausfallen, um zu sehen, wer der Typ ist, der die Blätter im Frühling wieder an die Bäume klebt!"

Im Zirkus beißt einer der Löwen dem Clown einen Arm ab. Doch sofort spuckt er den Arm wieder aus und sagt angewidert zu den anderen Löwen: „Igitt, der schmeckt ja total komisch!"

Bei der Polizei geht ein Notruf ein: „Hilfe, Hilfe, hier ist eine Katze im Zimmer!"
Der Polizeibeamte ist erst ziemlich verblüfft, antwortet dann aber zornig: „Jetzt hören Sie mal gut zu, wegen so etwas rufen Sie hier an, sind Sie verrückt?"
Darauf erwidert der Anrufer: „Nein, ich bin der Papagei der Familie Schmidt, Veilchenweg 4."

Die Kühe stehen auf der Weide. Plötzlich fängt eine von ihnen an, sich ganz heftig zu schütteln. Die anderen gucken verdutzt und eine der Kühe fragt schließlich: „Sag mal, was machst du denn da?"

Die Schüttlerin erklärt: „Meine Schwester hat doch morgen Geburtstag, da dachte ich, ich könnte vielleicht schon mal die Sahne schlagen."

Mama Forelle ist mit ihren Kindern im Teich unterwegs. Plötzlich jammert eines der Forellenkinder: „Maaamaa, ich hab so einen Durst!"

Zwei Holzwürmer unterhalten sich. Fragt der eine den anderen: „Und, was macht dein Sohn jetzt beruflich?" Darauf antwortet der andere Holzwurm ganz stolz: „Der arbeitet jetzt in einer Bank!"

Ein Kakadu sitzt auf dem Baum und weint. Ein Papagei fliegt zu ihm hin und fragt ihn: „Was ist los, warum weinst du denn so sehr?"
Der Kakadu erklärt: „Ich bin jetzt schon zwanzig Jahre alt und immer noch sagen alle Kakadu statt Kakasie zu mir!"

Zwei Störche fliegen durch die Gegend. Plötzlich fragt der eine den anderen: „Wie schaut's denn aus, darf ich auch mal in der Mitte fliegen?"

Zwei Faultiere hängen im Baum. Nach drei Monaten gähnt eines von ihnen herzhaft. Darauf sagt das andere Faultier: „Also, manchmal gehst du mir schon auf die Nerven mit deiner hektischen Art!"

Ein einsamer Frosch geht zu einem Wahrsager und möchte wissen, ob es bei ihm mit der Liebe noch einmal etwas wird. Der Wahrsager ist guter Dinge: „Schon bald wirst du ein wunderhübsches Mädchen kennenlernen, das nur noch Augen für dich hat."
Der Frosch ist jetzt ganz aufgeregt: „Wo werde ich sie denn treffen – an meinem Teich?" Darauf der Wahrsager: „Nein … im Biologieunterricht."

Auf der Weide unterhalten sich zwei Ochsen. Der eine jammert: „Ich habe es so satt, für den Bauern zu arbeiten." Darauf der andere: „Na, dann schreib halt mal an die Leute vom Tierschutzverein, vielleicht können die dir helfen."

Der erste Ochse tippt sich darauf an die Stirn und sagt: „Spinnst du? Wenn der Bauer mitbekommt, dass ich schreiben kann, muss ich auch noch seinen Schreibkram für ihn erledigen!"

Das neue Tierrestaurant feiert Eröffnung. Zwei Hunde setzen sich an einen Tisch und studieren die Speisekarte. Nach einiger Zeit kommt der Ober und fragt: „Die Herrschaften wünschen?" Einer der beiden Hunde bestellt: „Wir hätten gerne zweimal Bellkartoffeln."

Zwei Hennen stehen vor einem Haufen Eierbriketts. Sagt die eine zur anderen: „Du, guck mal, lauter afrikanische Babys."

Im Supermarkt fragt ein Huhn eine Regalauffüllerin: „Könnten Sie mir bitte einen Eierkarton geben?"

Die Regalauffüllerin fragt erstaunt: „Ja, klar, aber wozu brauchst du den denn?"

Das Huhn antwortet: „Na, wir fahren doch nächste Woche in Urlaub und da möchten wir die Kinder mitnehmen."

Zwei Kühe stehen auf der Weide und unterhalten sich. Sagt die eine: „Dieser Rinderwahnsinn ist doch eine ganz furchtbare Krankheit, findest du nicht auch?"
Darauf die andere: „Ja, wirklich schlimm. Ich bin nur froh, dass ich ein Schaf und keine Kuh bin."

In der Zoohandlung möchte sich eine Dame ein Haustier zulegen. Endlich hat sie sich entschlossen und nimmt eine Schildkröte. Der Händler lobt ihre Entscheidung: „Bei guter Pflege wird so ein Tier locker 200 Jahre alt." Darauf die Frau: „Na, wir werden ja sehen."

In der Tierhandlung reklamiert ein Kunde: „Ich möchte diesen Papagei zurückgeben, er erzählt mir ständig Witze." Darauf fragt der Verkäufer: „Stört Sie das?"
Der Kunde antwortet: „Nein, eigentlich nicht, aber leider kenne ich sie jetzt alle schon auswendig!"

Drei Mäuse sitzen in der Mäusekneipe beisammen und prahlen um die Wette. Die erste Maus erzählt: „Wenn ich eine Mausefalle sehe, gehe ich hin, löse sie aus und fange den auf mich heruntersausenden Drahtbügel mit der linken Vorderpfote ab. Dann verspeise ich das Käsestück und mache währenddessen mit dem Drahtbügel noch etwas Krafttraining."

Die zweite Maus fällt der ersten ins Wort: „Pff, das ist ja noch gar nichts. Wenn ich irgendwo Rattengift sehe, schnapp ich mir immer gleich ein Klümpchen und verspeise es. Das macht mir gar nichts aus, im Gegenteil – davon werde ich quietschfidel."

Nach einer kurzen Pause erhebt sich darauf die dritte Maus und geht wortlos zum Ausgang der Mäusekneipe. Die erste Maus ruft ihr hinterher: „Hey, was ist, wo willst du denn jetzt hin?"

Die dritte Maus antwortet cool: „Ich gehe jetzt nach Hause und trainiere mit dem Kater ein wenig Karate."

Das Trampeltierkind fragt seinen Vater: „Du, Papi, wozu sind denn die beiden Höcker auf unserem Rücken gut?"

Der Trampeltiervater erklärt: „Darin speichern wir Fett, von dem wir uns ernähren, wenn wir durch die karge Wüste ziehen."

62

Das Trampeltierkind fragt weiter: „Und wozu haben wir so lange Wimpern?"

Der Vater weiß die Antwort: „Die sorgen dafür, dass uns der Wüstenwind nicht Sandkörner in die Augen bläst."

Der Wissensdurst des Kamelkindes ist aber immer noch nicht gestillt: „Und warum sind unsere Hufe so breit?"

Der Trampeltiervater beantwortet geduldig auch diese Frage: „Damit wir beim Gehen nicht in den Wüstensand einsinken."

Darauf das Kind: „Und was machen wir dann im Zoo?"

Zwei Hunde treffen sich in der Stadt. Der eine ist schwer beladen mit Einkaufstüten. Daher fragt der andere: „Meine Güte, was schleppst du denn da alles mit dir herum?"

Seufzend darauf der erste: „Alles fing damit an, dass ich ab und zu mal die Zeitung geholt habe …"

Bei Meiers klingelt das Telefon. Nur der Hund ist zu Hause, daher nimmt er den Hörer ab und bellt hinein: „Wuff!" Der Anrufer am andere Ende der Leitung ist überrascht: „Wie bitte?" Der Hund wiederholt: „Wuff!"

Der Anrufer ist gereizt: „Wie bitte!?"
Darauf der Hund: „Wilhelm, Ulrich, Friedrich, Friedrich … Wilhelm, Ulrich, Friedrich, Friedrich!"

Im Zoogeschäft sagt ein Kunde: „Ich hätte bitte gerne einen Papagei, der sprechen kann."
Der Verkäufer antwortet: „Mein Herr, es tut mir leid, aber einen sprechenden Papagei haben wir zur Zeit nicht vorrätig. Aber ich könnte Ihnen einen Specht anbieten."
Der Kunde ist erstaunt: „Einen Specht? Können Spechte denn auch sprechen?" „Nein, sprechen nicht, aber morsen", entgegnet der Tierhändler.

Zwei Mäusemädchen unterhalten sich. Die eine erzählt: „Du, ich habe letzte Woche einen tollen Jungen kennengelernt und jetzt bin ich bis über beide Ohren verliebt! … Ach, schau, da kommt er ja!"
Das andere Mäusemädchen mustert den Schwarm seiner Freundin und entgegnet lachend: „Aber das ist ja eine Fledermaus!"
Darauf die erste: „Pff … und mir hat er gesagt, er wäre Pilot …"

64

Ein Nilpferd und ein Zebra treffen sich. Da das Nilpferd ganz fein angezogen ist, fragt das Zebra: „Na, wo willst du denn hin?" Das Nilpferd erklärt: „Ich gehe in die Oper."

Am nächsten Tag treffen sich die beiden wieder und das Zebra fragt: „Na, wie war es denn in der Oper?"

Das Nilpferd schimpft: „Ich bin gleich wieder gegangen – die sind ja völlig verrückt! An der Kasse stand auf einem Schild ‚Programm 5 Euro' … Was meinst du, was ich da bei meinem Gewicht hätte bezahlen müssen!"

Eine Schildkröte klettert immer wieder auf einen Baum und springt hinunter. Ein Amselpärchen schaut ihr dabei zu. Nach einiger Zeit sagt das Amselmännchen zum Amselweibchen: „Schatz, meinst du nicht, dass wir ihr langsam mal sagen sollten, dass wir sie adoptiert haben?"

Das Wespenkind darf zum ersten Mal ins Schwimmbad. Als es abends zurückkommt, fragt der Wespenpapa: „Na, mein Kind, wie war es denn?"

Das Wespenkind gerät ins Schwärmen: „Echt prima, Papa, alle haben geklatscht."

Zwei Hunde beschnuppern sich im Stadtpark. Fragt der eine: „Hallo, grüß dich, wie heißt du denn?" Der andere antwortet: „Ich bin der Fiffi. Und wie heißt du?"
Darauf der erste etwas ratlos: „Tja, da bin ich mir nicht ganz sicher … entweder ‚Sitz' oder ‚Platz'."

Sagt ein Schwein ganz niedergeschlagen zum anderen: „Ist doch sowieso Wurst, was aus uns wird."

Eine Schnecke sitzt auf einer Schildkröte und ruft: „Schneller, Fury!"

Ein Mann kommt mit einem riesigen Dobermann zum Tierarzt und sagt: „Herr Doktor, können Sie uns helfen? Mein Hund ist einfach nicht davon abzubringen, diese modernen Kleinwagen zu jagen."
Darauf der Tierarzt: „Mein Herr, das ist doch ganz normal. Das ist der natürliche Jagdtrieb, alle Hunde jagen fahrenden Autos hinterher."
Der Mann erwidert: „Das stimmt schon, aber meiner fängt sie und vergräbt sie im Garten."

Nachdem die Jagdsaison zu Ende gegangen ist, kommt ein Hase in das Dorfwirtshaus. Er setzt sich, ruft sich die Bedienung an den Tisch und sagt mit hämischem Grinsen: „Einmal Jägerschnitzel, bitte!"

Ein Hase überfällt einen Schneemann. Grimmig droht er: „Möhre oder Föhn!"

Zwei kleine Osterhasen unterhalten sich. Fragt der eine den anderen: „Sag mal, glaubst du eigentlich an Hühner?"

„Die Sache hat einen Haken", sagte der Zander, als ihn der Angler aus dem Wasser zog.

Eine Riesenschlange, ein Skorpion und eine Motte streiten sich darum, wer mit der wenigsten Nahrung auskommt. Die Riesenschlange sagt: „Ich brauche nur alle sechs Monate etwas zu beißen."

67

Der Skorpion kontert: „Ich kann zwei Jahre lang ohne Nahrung überleben." Schließlich ist die Motte an der Reihe. Lässig sagt sie: „Vergesst es … ich brauche überhaupt nichts, ich fresse nur Löcher."

Zwei Mäuse haben einen Elefanten entdeckt. Da sagt die eine Maus zur anderen: „Super, den grillen wir uns zum Abendessen. Ich hole Feuerholz und du bewachst den Burschen." Danach macht sie sich auf zum Holzsammeln.

Als sie nach einiger Zeit wieder zur anderen Maus zurückkehrt, weint diese ganz fürchterlich: „Der Elefant ist einfach abgehauen." Darauf die erste Maus: „Lüg mich doch nicht an … du kaust ja noch!"

Nach dem Atomkrieg robbt ein Affe aus seinem Versteck und glaubt, dass er der einzige Überlebende der Katastrophe ist. Umso erstaunter ist er, als ganz in seiner Nähe ein Affenweibchen aus einem Erdloch hervorkriecht und ihm freudig zuwinkt. Anschließend hält sie einen Apfel in die Höhe und ruft: „Hey du, komm rüber, ich habe auch etwas zu essen!"

Darauf schreit der Affe ganz panisch: „Hey, lass den

Quatsch, oder willst du vielleicht mit dem ganzen Blödsinn wieder von vorn anfangen?"

Im Wanderzirkus herrscht Aufregung. Der Zirkusdirektor steht wild gestikulierend vor seinem Wagen und brüllt panisch: „Schnell, Leute, schafft die Zebras rein, es fängt an zu regnen!"

Die Tigermama fragt ihre Jungen: „Warum keucht ihr denn so heftig?"
„Wir haben einen Urlauber auf den Baum gejagt", erklärt das älteste Tigerkind. Darauf schimpft die Tigermama: „Kinder, ich habe euch doch schon zigmal gesagt, dass man mit dem Essen nicht spielt!"

Zwei Ziegen unterhalten sich. Fragt die eine: „Du, gehst du heute Abend auch in die Disco?"
Die andere schüttelt den Kopf und meckert: „Nein, ich habe keinen Bock."

69

Der Pinguinpapa und die Pinguinmama warten darauf, dass ihr Neugeborenes sein erstes Wort spricht. Der Pinguinpapa sagt: „Bestimmt sagt es ‚Papa‘.“
Darauf die Pinguinmama: „Ach was, bestimmt ist sein erstes Wort ‚Mama‘!“ Jetzt meldet sich das Pinguinbaby zu Wort: „Dreckskälte!“

Im Zoo zeigt die Piranhamutter mit einer Brustflosse auf die Menschen auf der anderen Seite der gläsernen Aquariumwand und sagt zu ihren Kindern: „Vor den Gesellen müsst ihr euch in Acht nehmen, das sind fischfressende Menschen!“

Kommt ein Huhn in einen Elektroladen und sagt zum Verkäufer: „Ich hätte gern eine Legebatterie!“

Fragt der Walfisch den Thunfisch: „Was soll ich tun, Fisch?“ Antwortet der Thunfisch: „Du hast die Wahl, Fisch.“

Ein Bär rennt durch den Wald und ruft andauernd: „Kugel, Kugel, Kugel …"
Nach einiger Zeit wird es dem Fuchs zu bunt. Er geht zu dem Bären und fragt: „Mensch Bär, was ist denn mit dir los?" Darauf erwidert der Bär: „Ich bin ein Kugel-Schrei-Bär!"

Ein Huhn sagt zu einem Schwein: „Du, wir könnten eigentlich einen Lebensmittelladen aufmachen."
„Ach ja, und wer von uns beiden macht dann was?", fragt das Schwein. Darauf das Huhn: „Ganz einfach, ich liefere die Eier und du den Speck."

Kommt eine Spinne ins Fundbüro und sagt: „Jetzt habe ich aber den Faden verloren!"

Zwei Kühe unterhalten sich. Fragt die eine: „Sag mal, warum ist denn die Berta so mager geworden?"
Darauf die andere: „Die ist seit einiger Zeit furchtbar abergläubisch und frisst nur noch vierblättrige Kleeblätter."

71

„996, 997, 998, 999, 1000, 1001 … es ist ein Junge!“, jubelt der Tausendfüßlerpapa.

Das kleine Fledermausmädchen weint zum Steinerweichen. Daher fragt eine alte Fledermaus, die gerade vorbeikommt: „Mädchen, warum weinst du denn so?“
Das Fledermausmädchen erklärt mit tränenerstickter Stimme: „Niemand will mit mir spielen!“
Darauf versucht die alte Fledermaus, das Fledermausmädchen zu trösten: „Ach komm, das wird schon … lass den Kopf nicht hängen.“

An der Kinokasse laufen 15 Pinguine hektisch hin und her und wackeln aufgeregt mit den Flossen. Als plötzlich ein weiterer Pinguin vorbeikommt, ruft einer aus der Gruppe: „Komm, sei doch so gut und geh mit in den Film – der ist erst ab 16!“

Das kleine Glühwürmchen kommt weinend von der Schule nach Hause: „Mama, der Lehrer hat gesagt, dass ich nie eine große Leuchte werde …“

Ein ganz abgemagerter und schlimm zerzauster Kater sitzt auf dem Gehsteig. Als ein anderer Kater vorbeikommt, fragt er mit rauer Stimme: „Ey du … haste mal 'n paar Mäuse für mich?"

„Jetzt geht's rund!", sprach der Papagei und flog in den Ventilator.

Zwei Bauern unterhalten sich über ihre Pferde. Sagt der eine zum anderen: „Mein Pferd möchte unbedingt Astronaut werden." Der andere fragt ungläubig: „Wie bitte?" Der erste erwidert: „Ja, mein Pferd möchte unbedingt einmal den Großen Wagen ziehen."

Eine Frau kommt in die Zoohandlung und möchte einen Papagei kaufen. Der Verkäufer zeigt auf seine Papageien und sagt: „Momentan könnte ich Ihnen eines von den drei Tieren da anbieten. Das grün-rote Prachtexemplar links kostet 1000 Euro."
Die Kundin erwidert: „Ein stolzer Preis. Was kann der Vogel?" „Der kann ‚Let it be' von den Beatles singen",

erklärt der Verkäufer. „Und was kostet der grün-blaue Bursche in der Mitte?", will die Kundin wissen.

Der Verkäufer antwortet: „Der ist teurer – der kostet 2000 Euro. Dafür kann er einen Salto rückwärts machen und auf dem Schnabel stehen."

Die Kundin fragt schließlich: „Und was kostet der gelb-rote rechts?" Der Verkäufer gibt Auskunft: „Den kann ich Ihnen für 5000 Euro geben."

Die Frau ist geschockt: „Was, 5000 Euro? Du liebe Güte! Warum ist der so teuer, was kann der denn Besonderes?" Der Verkäufer zuckt mit den Schultern: „Keine Ahnung – die anderen beiden sagen jedenfalls immer ‚Jawoll, Chef' zu ihm."

Zwei Mäuse sitzen vor einer Käseglocke und betrachten den Emmentaler, der darunterliegt. Nach einer Weile meint die eine Maus voller Mitleid zur anderen: „Der arme Kerl sitzt ganz schön in der Falle."

„Ist da der Tierschutzverein?", brüllt es aus dem Telefonhörer. „Ja, da sind Sie bei mir richtig", antwortet die Mitarbeiterin des Tierschutzvereins, „was kann ich für Sie tun?"

Die Frau am anderen Ende der Leitung sagt ganz aufgeregt: „Bitte schicken Sie mir sofort einen von Ihren Leuten her! Auf dem Baum vor meinem Haus sitzt ein Briefzusteller und beleidigt seit einer Stunde auf das Schlimmste meinen niedlichen kleinen Schäferhund!"

Zwei Katzen unterhalten sich. Die eine meint zur anderen: „Du, ich glaube, dass mir heute noch irgendetwas Schlimmes passieren wird …"
Die andere Katze fragt besorgt: „Und wie kommst du darauf?" Die erste antwortet: „Mir ist heute Morgen ein schwarzer Hund von links nach rechts über den Weg gelaufen …"

Als die Tiere an Bord der Arche Noah gehen, gerät der Zug plötzlich ins Stocken. Da sagt die Mausfrau zum Giraffenmann: „Du, schau doch mal bitte nach, wieso es nicht weitergeht."
Der Giraffenmann reckt den Hals und sagt dann: „Schlechte Nachrichten, das kann dauern – die Tausendfüßler müssen sich die Schuhe ausziehen."

75

Ein Froschpapa geht mit seinen fünf Kindern am Teich spazieren. Plötzlich trifft er einen Bekannten von früher. Die beiden unterhalten sich eine Weile, dann fragt der Froschpapa: „Und, habt ihr auch Kinder?"
Darauf antwortet der andere Frosch: „Leider nein … meine Frau hat Angst vor dem Storch."

Die Regenwurmmama kriecht mit ihrem Kind spazieren. Plötzlich treffen sie auf eine Schlange. Darauf meint das Regenwurmkind: „Mama, schau mal, was das für ein riesiger Mann ist!"

Kommt ein Pferd in die Bar. Fragt der Barmann: „Mensch, was ziehst du denn für ein langes Gesicht?"

Im Zoo sagt der gut genährte Löwe zum ganz abgemagerten Tiger: „Sag mal, weißt du eigentlich, warum ich jeden Tag frisches Fleisch bekomme und du nur Gras, Heu und Stroh?"
Darauf der Tiger: „Ja, das liegt an der Bürokratie hier – ich sitze auf der Planstelle von einem Zebra."

Eine Eintagsfliege kommt zum Arbeitsamt und möchte einen Halbtagsjob. Der Sachbearbeiter fragt die Eintagsfliege: „Muss es unbedingt ein Halbtagsjob sein?"
Darauf erwidert die Eintagsfliege: „Ja, auf jeden Fall – ich möchte ja schließlich nicht mein ganzes Leben lang arbeiten!"

Lieblingshobby: Lachen

Bei den Bundesjugendspielen unterhalten sich Paula und Marie. Paula prahlt: „Mein großer Bruder läuft die hundert Meter in neun Sekunden!"

Marie darauf ungläubig: „Das kann gar nicht sein, das wäre ja ein neuer Weltrekord!" Paula erklärt: „Tja, mein Bruder kennt halt eine Abkürzung."

Ben erzählt seiner Mutter: „Mama, mein Freund Adrian trägt immer Golfsocken."

Die Mutter ist verwundert: „Kenn ich nicht, wie sehen die denn aus?"

Ben erklärt: „Die haben achtzehn Löcher."

Beim Radrennen quälen sich die Rennradfahrer eine steile Rampe hinauf. Am Straßenrand steht ein Zuschauer und fragt kopfschüttelnd: „Warum quälen sich die Jungs bloß so?"

Ein Radsportfan erklärt es ihm: „Ganz einfach, der Erste bekommt eine Menge Kohle!"

Der Zuschauer fragt jedoch weiter: „Gut, aber warum plagen sich denn die anderen dann so ab?"

Nach dem verlorenen Pokalspiel sagt der Fußballtrainer zu seinen ausgelaugten Spielern: „Kopf hoch, Jungs, ab jetzt sind wir ein Vorbild für alle Fans – wir schlagen niemanden mehr ..."

Mit schmerzverzerrtem Gesicht humpelt der Abwehrspieler vom Platz. Besorgt fragt ihn sein Trainer: „Und, ist es was Ernstes?" Darauf der Abwehrspieler: „Nein, mir ist nur das Bein eingeschlafen."

Beim Konzert fragt Fabian seinen Vater: „Papa, warum droht denn der Mann da vorn die ganze Zeit der Frau auf der Bühne?"
Der Vater erklärt: „Fabian, das ist der Dirigent, der droht nicht, der dirigiert." Fabian fragt weiter: „Aber warum kreischt die Frau denn dann so?"

Im Reisebüro möchte ein Kunde Urlaub in Thailand machen. Die Verkäuferin fragt: „Möchten Sie über Dubai oder Bahrain fliegen?"
Der Kunde antwortet: „Nur über Pfingsten."

81

Beim Motorradhändler fragt ein Interessent den Verkäufer: „Und wie sieht es bei Ihnen mit dem Kundendienst aus?" „Der ist bei uns 1a", antwortet der Verkäufer, „zu jeder Maschine gibt es bei uns einen Fahrplan der Deutschen Bahn gratis dazu."

Der Urlaubsflieger ist auf Mallorca gelandet und aus den Lautsprechern ertönt folgende Durchsage: „Herzlich willkommen auf Mallorca! Bitte bleiben Sie noch angeschnallt, bis wir die endgültige Parkposition erreicht haben. Danach können Sie wieder wie gewohnt drängeln und schubsen."

In der Ringecke stöhnt der Boxer zu seinem Betreuer: „Meine Güte, heute stimmte der Wetterbericht ja wirklich zu hundert Prozent – lauter Niederschläge!"

Zwei Großwildjäger treffen sich zufällig. Der eine hat ganz edle Schuhe aus Krokodilleder an. Der andere fragt ihn neidisch: „Sag mal, woher hast du denn diese schicken Krokoschuhe?"

Der Schuhbesitzer antwortet: „Ganz einfach, ich war vor ein paar Wochen auf Jagdurlaub am Nil und da habe ich mir die geholt."

Nach einiger Zeit verabschieden sich die beiden voneinander, doch dem anderen Jäger gehen die Schuhe nicht mehr aus dem Kopf. Er reist daher kurz darauf nach Ägypten und als er wieder zurückkommt, trifft er am Flughafen zufällig seinen Jägerkollegen. Der fragt ihn: „Ich hab's schon gehört, du warst jetzt auch in Ägypten. Und, hat es geklappt mit den Krokoschuhen?"

Der andere antwortet verärgert: „Von wegen! Als ich endlich ein Krokodil geschossen hatte, bin ich hin und hab das Vieh umgedreht und stell dir vor – das trug überhaupt keine Schuhe!"

Im Billigflieger wendet sich der Pilot über das Lautsprechersystem an die Passagiere: „Sehr geehrte Damen und Herren, hier spricht Ihr Kapitän. Bitte sehen Sie mal links aus den Fenstern: Das, was da brennt, ist das Triebwerk. Und wenn Sie jetzt bitte mal auf der rechten Seite hinausschauen wollen: Die vordere Hälfte der Tragfläche ist uns vorhin bei einem Ausweichmanöver abgebrochen. Und nun schauen Sie bitte mal hinunter auf das Meer: Sehen Sie den kleinen roten Punkt dort unten? Das bin ich in meiner Rettungsinsel ..."

Zwei Bergsteiger gehen über einen Gletscher. Plötzlich verschwindet der eine in einer Gletscherspalte. Der andere ruft ihm besorgt hinterher: „Toni, hast du dir wehgetan?"

Der andere ruft zurück: „Ich weiß es niiiicht!" Darauf der erste: „Was ... du weißt es nicht?" Von unten erwidert Toni: „Ja, ich falle nooch!"

Im Stadion spielt die Heimmannschaft einfach unterirdisch. Auf der Tribüne platzt einem Fan schließlich der Kragen. Er springt wütend auf und schreit: „Na los, ihr Schlaftabletten, kommt mal in die Gänge – ich stehe ja schneller auf, als ihr laufen könnt!"

Simon erzählt seinem Freund Lukas: „Stell dir vor, heute hatte ich meine erste Reitstunde!"

Lukas sagt erfreut: „Das musst du mir ausführlich erzählen. Komm, setz dich!" Simon erwidert: „Das geht leider nicht ..." „Warum denn nicht?", möchte Lukas nun wissen. Simon erklärt: „Na, ich hatte doch heute meine erste Reitstunde ..."

84

Ein Feriengast checkt an der Rezeption ein. Er scheint von dem Hotel nicht sonderlich überzeugt zu sein, daher fragt er das Fräulein vom Empfang: „Sind die Bettwäsche und die Handtücher denn auch ordentlich sauber?"

Die Hotelangestellte antwortet ihm freundlich: „Aber selbstverständlich, mein Herr, Ihre Vorgänger haben jeden Tag im Swimmingpool gebadet."

Ronja und Luis unterhalten sich darüber, was sie in den großen Ferien machen werden. Ronja sagt: „Dieses Jahr werde ich in den Ferien nichts tun. In der ersten Woche werde ich nur in der Hängematte relaxen."

„Und danach?", möchte Luis wissen.

„Danach werde ich eventuell ein wenig mit der Hängematte hin- und herschaukeln", erwidert Ronja.

Ein Australier macht Urlaub in England. Es hat den ganzen Tag geregnet. Abends in der Kneipe kommt er mit einem Engländer ins Gespräch. Der möchte natürlich wissen, wie dem Australier England gefällt. Der Australier antwortet: „Euer Land ist wirklich fantastisch – nur überdachen solltet ihr es bei Gelegenheit mal."

„Hier stürzen die Wanderer wohl sehr oft ab?", fragt ein Bergwanderer einen einheimischen Almbauern und deutet gleichzeitig auf einen gefährlichen Grat, der vor ihnen liegt. Der Bauer antwortet: „Nein, nicht sehr oft, einmal reicht den meisten eigentlich schon …"

Zwei Fußballfans unterhalten sich. Der eine fragt den anderen: „Hast du gewusst, dass unsere Mannschaft schon in der Bibel erwähnt wird?"
„Nein, das wusste ich nicht. Super!", freut sich der andere, „wo denn?" Der erste erwidert: „Im Alten Testament, dort heißt es: ‚Sie trugen seltsame Gewänder und irrten planlos umher'."

Ein Fallschirmspringer bemerkt nach dem Absprung, dass er seinen Fallschirm vergessen hat. Etwas später kommt ihm plötzlich von unten ein Mann entgegengeflogen. Der Fallschirmspringer fragt ihn: „Sag mal, kommt unten Wasser oder Festland?"
Der andere ruft im Vorbeifliegen: „Ein Steinbruch – ich bin dort der Sprengmeister!"

Zwei österreichische Bergsteiger haben sich auf ihrer Bergtour verirrt. Daher meint der eine zu seinem Kollegen: „Los, gib einen Schuss ab, damit wir von der Bergwacht gefunden werden!"

Der andere schießt. Eine Stunde vergeht, doch niemand kommt den beiden zu Hilfe. Deshalb sagt der erste: „Los, gib noch einen Schuss ab!"

Wieder vergeht eine Stunde, nichts passiert. Der eine fordert den anderen abermals auf: „Mensch, probier's bitte noch mal!" Der zweite Bergsteiger erwidert darauf ratlos: „Geht nicht – ich habe keine Pfeile mehr."

Ein Berliner und ein Ostfriese gehen zelten. Am ersten Abend bauen sie ihr Zelt auf und legen sich schlafen. Nach ein paar Stunden weckt der Berliner den Ostfriesen und fragt ihn: „Schau mal bitte in den Himmel und sag mir, was du siehst." Der Ostfriese antwortet: „Ich sehe Millionen von Sternen."

Der Berliner fragt: „Und was denkst du jetzt dabei?"

Der Ostfriese überlegt erst etwas und sagt dann: „Dem Sternenkundler in mir sagt das, dass da unzählige Sonnensysteme sind. Dem Astrologen in mir sagt das, dass der Schütze im dritten Haus steht. Dem Waldläufer in mir sagt das, dass es ungefähr 4 Uhr früh sein müsste. Und dem Wetterkundler in mir sagt das, dass wir morgen keinen Regen bekommen werden." Danach macht er eine kurze Pause und fragt dann den Berliner: „Und was sagt der Anblick dir?"

Der Berliner erwidert nach einem kurzen Moment: „Dem Pragmatiker in mir sagt das, dass uns jemand unser Zelt geklaut hat."

Die Reisegruppe steht am Rande der Niagarafälle. Der Fremdenführer erläutert: „Das sind die bekanntesten Wasserfälle Nordamerikas … und wenn die Herrschaften mal einen Augenblick still wären, könnte man auch sein gewaltiges Rauschen und Tosen hören."

Ein Ehepaar sitzt in der Oper. Plötzlich sagt die Frau zu ihrem Mann: „Du, guck mal, der Mann da neben mir schläft!" Darauf schimpft der Ehemann: „Na und? Das ist doch noch lange keine Grund, mich zu wecken!"

Ein Deutscher macht in Spanien Urlaub. Gleich am ersten Tag hängt er sich seine Kamera um und macht einen ersten Erkundungsgang durch seinen Urlaubsort.

Auf dem Platz vor dem Rathaus ruft ihm ein Spanier freundlich zu: „Buenos dias!"
Darauf winkt der deutsche Tourist bedauernd ab: „Danke, kein Bedarf, ich fotografiere selbst."

Hannes macht mit seinen Eltern Urlaub auf dem Bauernhof. Am zweiten Tag beobachtet er abends die Bäuerin, wie sie ein Huhn rupft. Als er später auf sein Zimmer geht, um sich ins Bett zu legen, trifft er auf der Treppe die Bäuerin. Neugierig fragt er sie: „Frau Huber, ziehen Sie eigentlich die Hühner nachts immer aus?"

Ein Mann ist beim Arzt. Der Arzt rät ihm: „Sie sollten mal Urlaub machen." Der Mann erwidert: „Das kann ich mir momentan leider nicht leisten – ich habe mir gerade erst ein Ferienhaus gekauft."

Da es auf 18 Uhr zugeht, möchte der Bootsverleiher so langsam mal Feierabend machen. Er nimmt sich sein Megafon und ruft über den See: „Bitte alle zum Anlegesteg zurückkehren, wir schließen um 18 Uhr!"

89

Nach und nach kommen alle Boote zurück, nur eines nicht. Daher nimmt der Bootsverleiher erneut die Flüstertüte und sagt: „Boot Nummer 68, bitte kommen Sie zum Steg, wir schließen in Kürze!"

Doch das Boot kommt nicht. Der Verleiher setzt sich nun das Fernglas an die Augen und fragt dann über die Flüstertüte: „Nummer 89, haben Sie ein Problem?"

Die Schmidts machen Campingurlaub in Finnland. Alles ist wunderbar, nur die Stechmücken sind eine wahre Plage. Den ganzen Tag kämpfen alle gegen die Biester. Als es dunkel wird, kommen ein paar Glühwürmchen angeflogen.

Da ruft der Papa: „Es ist zum Kinderkriegen – jetzt suchen uns die Viecher schon mit Taschenlampen!"

Im Kurort kommt eine Frau in die Apotheke: „Ich hätte gern eine Packung Acetylsalicylsäure."

„Sie meinen Aspirin?", fragt der Apotheker.

Die Kundin erwidert: „Ja, ganz genau. Wenn ich mir nur mal dieses blöde Wort merken könnte!"

90

An der S-Bahn-Haltestelle wartet ein Fußballer auf seinen Zug. Um sich das Warten etwas zu verkürzen, fängt er an, Dribbeln zu üben. Ein älterer Herr, der neben ihm wartet, sieht sich das eine Weile an, geht dann zu dem Ballkünstler hin, fasst ihn an der Hand und sagt: „Junger Mann, keine Panik, ich zeige Ihnen sofort, wo die Herrentoilette ist."

Als der Jockey als Letzter mit seinem Pferd über die Ziellinie kommt, kritisiert ihn der Besitzer des Rennstalls: „Sag mal, hättest du nicht ein bisschen schneller im Ziel sein können?" Der Jockey verteidigt sich: „Schon, aber ich musste ja beim Pferd bleiben."

In der Philharmonie gibt das Orchester ein Konzert. Nachdem endlich alle Zuschauer sitzen, stimmen die Musiker ihre Instrumente und es wird ruhig. Der Dirigent will gerade seinen Taktstock heben, um die Symphonie zu beginnen, als plötzlich einer der Flötisten aufsteht und sagt: „Herr Dirigent, darf ich bitte die Partie anpfeifen?"

30 Kölner und 30 Ostfriesen machen einen Betriebsausflug. Am Abfahrtsort steigen sie in einen luxuriösen Doppelstockbus ein. Die Ostfriesen belegen die obere Etage, die Kölner die untere.

Während der Fahrt geht es dann unten äußerst fröhlich zu. Irgendwann denkt sich einer der Kölner: „Mal sehen, wie's den Ostfriesen oben geht!" Er steigt also die Treppe hoch … und muss feststellen, dass die Ostfriesen ganz ernst schauen und sich krampfhaft an ihren Sitzen festklammern. Der Kölner fragt daher einen der ostfriesischen Kollegen: „Was ist denn mit euch los? Bei uns geht partymäßig richtig die Post ab!"

Darauf antwortet der Ostfriese: „Ihr da unten habt gut reden! Im Gegensatz zu uns habt ihr einen Fahrer!"

Ein Opernfreund fragt seinen Nachbarn: „Herr Meier, gehen Sie und Ihre Gattin auch zu ‚Figaros Hochzeit'?" Herr Meier antwortet: „Nein, wir haben leider keine Zeit, aber wir schicken Blumen."

Aus dem Gemeinschaftsraum der Nervenheilanstalt dringt großes Jammern und Klagen. Der Pfleger sieht nach: Sechs Männer liegen auf dem Boden und wimmern. Ein siebter Mann sitzt an der hinteren Wand des Raumes auf einem Stuhl und hält einen Bleistift in der Hand. Der Pfleger fragt: „Um Himmels willen, was ist denn hier los?"

Der Patient auf dem Stuhl antwortet: „Wir trainieren für die Leichtathletik-Weltmeisterschaft."

Der Pfleger fragt ungläubig: „Sie tun was? Würden Sie mir das bitte mal näher erklären?"

Der Patient sagt: „Sehen Sie den Bleistiftstrich da an der Wand? Ich habe angekündigt, dass zur WM alle mitfahren dürfen, die es schaffen, da drüberzuspringen."

Am Badestrand fragt der Urlauber die Strandaufsicht: „Gibt es hier Quallen oder Seeigel?"

Die Strandaufsicht erwidert: „Ja, schon, aber Sie brauchen sich keine Sorgen zu machen, die werden alle von den Haien gefressen."

Beim Fußballspiel springt der Trainer hektisch auf und schreit wütend über den Rasen: „Wie kann denn der Gegner so frei zum Schuss kommen?" Da meint ein Auswechselspieler neben ihm: „Trainer, der Schiri hat doch gerade auf Elfmeter für die entschieden."

Jonas ist mit seinem Vater beim Fußball. Nachdem ihr Verein wieder einmal verloren hat, fragt Jonas: „Papa, wann haben wir denn eigentlich das letzte Mal gewonnen?" Der Vater antwortet: „Das fragst du am besten mal den Opa, der weiß das vielleicht noch."

Ein Schalke-Fan sitzt mit seiner Frau bei Kaffee und Kuchen im Garten. Plötzlich setzt sich eine Wespe auf seinen Teller. Darauf sagt der Mann zu der Wespe: „Also, meinetwegen kannst du ein paar Krümel von meinem Stück abhaben – aber vorher ziehst du bitte dieses grässliche Borussia-Dortmund-T-Shirt aus!"

Luisa macht mit ihren Eltern Urlaub auf dem Bauernhof. Am ersten Tag schaut sie dem Bauern zu, wie er die Kühe melkt. Am nächsten herrscht auf dem Hof große Aufregung. Der Bauer flucht: „Himmel, Zwirn und Wolkenbruch, eine von den Kühen ist verschwunden!" Da meint Luisa cool: „Beruhigen Sie sich, weit kann sie ja nicht gekommen sein – Sie haben ihr ja gestern den Tank leergepumpt."

Zwei Männer brausen mit ihrem Sportboot über den See. Plötzlich rammen sie einen Windsurfer, der sofort untergeht. Die Männer halten an, einer der beiden springt ins Wasser und kommt nach einer Weile mit dem Untergegangenen an die Oberfläche zurück. Zu zweit hieven die Männer ihn schnell an Bord und einer beginnt sofort mit Wiederbelebungsversuchen. Kurz darauf meint jedoch der andere Mann: „Hey, du kannst aufhören, das ist der Falsche, der trägt Schlittschuhe."

Der Pilot des Jumbojets meldet sich über die Lautsprecheranlage: „Sehr geehrte Fluggäste, ich habe eine gute und eine schlechte Nachricht für Sie. Zuerst die schlechte: Soeben haben drei Entführer unser Flugzeug in ihre Gewalt gebracht. Und nun die gute Nachricht: Die Herren wollen nach Tahiti."

Eine Touristengruppe ist in Australien auf Fotosafari. Der australische Safarileiter erzählt gern Witze und fragt daher die Teilnehmer: „Was ist braun, hat einen Beutel und hängt am Baum?"
Die Touristen schütteln nur den Kopf, keiner weiß die Antwort. Die liefert jetzt der Leiter: „Ein Hänguru!"

95

Ein Boxer unterzieht sich einer Operation. Der Chirurg legt gerade den Mundschutz an. Währenddessen fragt er eine Assistentin: „Ist der Patient schon in Narkose?"
Die Assistentin antwortet: „Leider noch nicht, Herr Doktor. Er zählt jedes Mal bis acht, dann richtet er sich wieder auf."

Jan fragt seinen Freund Robert: „Bastelt dein Opa eigentlich immer noch so gern?"
Robert antwortet: „Ja, schon. Aber leider beginnt er langsam Dinge durcheinanderzubringen – letzte Woche hat er versucht, auf seinem Modellboot Orgel zu spielen, nachdem er seine selbst gebaute Heimorgel im Stadtparkteich versenkt hat."

Zwei Österreicher sitzen in einem Leihruderboot und angeln. Es läuft richtig gut und nach ein paar Stunden haben sie so viele Fische gefangen, dass das Boot schon bedrohlich tief im Wasser liegt. Der eine Österreicher meint nun: „Du, die Stelle müssen wir uns unbedingt merken!" Darauf zieht er sein Messer heraus und ritzt eine Kerbe in die Reling.
Danach wird es langsam dunkel und die beiden Angler

rudern zurück zum Bootsverleih. Als sie dort angekommen sind, fragt der andere Österreicher: „Und was machen wir, wenn wir nächstes Mal nicht das gleiche Boot bekommen?"

Maria bewirbt sich bei der Eiskunstlauf-Revue. Stolz sagt sie zum Geschäftsführer des Unternehmens: „Ich kann auch eine Acht laufen!"
Der Geschäftsführer winkt gelangweilt ab: „Na, das ist ja wohl das Mindeste, das kann ja jeder Anfänger."
Maria entgegnet: „Aber nicht in römischen Ziffern!"

Zwei Freundinnen unterhalten sich. Erzählt die eine: „Gestern habe ich in meinem Karateverein gelernt, wie man mit der bloßen Hand einen Ziegelstein zertrümmert. Wenn ich jetzt nachts allein auf dem Nachhauseweg bin, fürchte ich mich nicht mehr so sehr vor Überfällen."
Die andere wirft ein: „Das ist ja alles schön und gut, aber wann wird man schon mal von einem Ziegelstein überfallen?"

97

Im Hallenbad zieht ein Mann schon seit Stunden seine Bahnen. Erst denkt sich der Bademeister nichts dabei, doch irgendwann geht er doch zu dem Mann hin und fragt: „Sie sind jetzt schon über fünf Stunden im Wasser, ich mache mir etwas Sorgen um Sie. Wie lange wollen Sie denn noch schwimmen?"

Der Mann antwortet erstaunt: „Aber die Dame an der Kasse hat mir doch gesagt, dass dies eine Jahreskarte ist!"

Ein Abenteurer irrt seit Tagen in der Wüste umher und ist schon beinahe am Verdursten. Plötzlich entdeckt er einen Brunnen und ruft erfreut: „Wasser, Wasser!" Darauf schiebt sich ein Kopf aus dem Brunnen und fragt: „Wo?"

Zwei Jäger unterhalten sich über ihre Jagdhunde. Prahlt der eine: „Ich habe den klügsten Hund der Welt!"

Darauf der andere: „Ja, da hast du recht, immer wenn du das Gewehr zum Schuss ansetzt, versteckt er sich schnell hinter einem Baum."

Zwei Mitglieder des Angelvereins treffen sich in der Stadt. Der Erste gibt mächtig an: „Gestern habe ich einen zwei Meter langen Zander gefangen!"

Der andere entgegnet: „Kinkerlitzchen. Ich war gestern auch angeln und habe dabei ein Fahrrad herausgezogen, an dem noch das Licht brannte."

Der erste winkt ab: „Ach komm, jetzt übertreibst du aber schon ein bisschen, oder?"

Darauf der andere: „Okay, okay ... wenn du deinen Zander auf einen Meter zurücknimmst, schalte ich bei meinem Fahrrad das Licht aus."

Auf der Safari trifft die Touristengruppe auf einen Löwen. Der Gruppenleiter sagt: „Meine Damen und Herren, Sie brauchen keine Angst zu haben, das Tier ist satt." Herr Meier aus München fragt misstrauisch nach: „Woher wollen Sie das denn wissen?" Der Gruppenleiter erwidert: „Frau Huber fehlt seit einer Stunde."

Beim Boxkampf sieht es für den Herausforderer gar nicht gut aus. Schon in den ersten drei Runden hat er zahlreiche Treffer einstecken müssen und sein rechtes Auge ist schon ganz zugeschwollen. Doch sein Trainer weiß Rat: „Micha, hör zu, wenn dir der Gegner in der nächsten Runde wieder ein paar verpasst, haust du einfach mal zurück."

Der Pilot des Billigfliegers rennt mit dem Fallschirm auf dem Rücken durch die Maschine und ruft: „Meine Damen und Herren, es besteht kein Grund zur Panik – ich springe jetzt ab und hole Hilfe!"

Ein Mann kommt zum Arzt. Seine Schienbeine sind beide komplett grün und blau. „Wie ist das denn passiert?", fragt der Arzt. „Spielen Sie Fußball?"
Der Mann antwortet: „Nein, Herr Doktor, Skat."

Kurz vor der Kreisligabegegnung sagt der Trainer der Gastmannschaft in der Kabine zu seinen Fußballspielern: „Jungs, wenn wir hier schon nicht gewinnen können, dann treten wir denen wenigstens den Rasen kaputt."

100

Der Beduine kommt nach seinem Besuch in England wieder in seine Oase in der Wüste zurück. Interessiert fragt ihn seine Frau: „Na, wie war es denn so in England?"
Der Beduine ist begeistert: „Ganz, ganz toll! Nur an einem einzigen Tag war es mal etwas sonnig, aber ansonsten hatten wir ausschließlich schönstes Regenwetter."

Zwei Freundinnen unterhalten sich über Jungs. Nicole fragt Merle: „Stehst du auf die Jungs, die Fußball mögen, oder eher auf die anderen?"

Arbeiten & ablachen

Ein Versicherungsvertreter klingelt beim Bauern. Nach einiger Zeit öffnet ihm ein kleiner Junge. Der Vertreter fragt: „Junge, wo ist denn dein Vater?" Der Junge antwortet: „Der ist dahinten im Schweinestall. Sie können ihn gleich erkennen, er ist der mit dem Hut."

Auf der Baustelle ruft der Chef seine Leute zusammen: „Männer, wir müssen einen 35 Meter hohen Schornstein bauen, haben dafür aber nur zwei Wochen Zeit. Also, alle flott an die Arbeit und tüchtig rangeklotzt!"
Die Männer legen sich mächtig ins Zeug und nach einer Woche ist der Schornstein schon 30 Meter hoch. Plötzlich stürmt der Chef auf die Baustelle und brüllt: „Männer, sofort aufhören, ich habe den Plan verkehrt herum gehalten … es soll ein Brunnen werden!"

In der Autofabrik fragt der Personalchef am Fließband den Gruppenleiter: „Und, Herr Schmidt, wie macht sich Ihr neuer Mitarbeiter?"
Herr Schmidt druckst etwas herum und sagt dann: „Also, wenn ich ehrlich bin, geht er mir etwas auf die Nerven, ständig sagt er: ‚Nanu, da kommt ja schon wieder so ein Ding.'"

104

Nach der Untersuchung nimmt der Arzt die Ehefrau zur Seite und sagt: „Es tut mir leid, ich habe keine guten Nachrichten für Sie, Ihr Mann hat eine Stoffwechselkrankheit." Die Ehefrau erwidert darauf: „Ich dachte mir schon so etwas ... jede Woche rennt er in die Stadt und kauft sich ein neues Hemd."

Ein Mann kommt zum Finanzamt und sagt zu dem für ihn zuständigen Finanzbeamten: „Ich hätte gern drei Tage Urlaub." Der Beamte ist ziemlich verwundert: „Aber Sie sind doch gar nicht bei uns beschäftigt ..."
Darauf entgegnet der Mann: „Doch, doch, in der Zeitung stand, dass man die erste Hälfte jedes Jahres für das Finanzamt arbeitet."

Ein Mann kommt in die Möbelhandlung und knallt dem Verkäufer wütend einen kaputten Stuhl vor die Nase: „Den habe ich erst gestern bei Ihnen gekauft und jetzt ist er schon total kaputt!"
Der Möbelverkäufer untersucht den Stuhl und sagt dann: „Tja, da hat sich wohl jemand draufgesetzt."

Ein Mann ist beim Arzt. Nach der Untersuchung sagt der Arzt etwas ratlos zu ihm: „Also, ich kann nichts finden. Wahrscheinlich liegt's am Alkohol." Darauf der Mann: „Ach so. Na, dann würde ich vorschlagen, dass ich noch mal komme, wenn Sie wieder nüchtern sind."

Herr Meier fragt seinen Chef: „Herr Obermann, darf ich heute eine Stunde früher Schluss machen? Meine Frau will mit mir Schuhe kaufen gehen."
Herr Obermann erwidert streng: „Mein lieber Herr Meier, das kommt gar nicht infrage, wir haben so viel zu tun!" Da freut sich Herr Meier: „Haben Sie vielen Dank, Chef, ich wusste, dass Sie mich nicht im Stich lassen würden."

Ein Mann sagt zum Nervenarzt: „Herr Doktor, brumm, brumm, brumm, ich glaube, brumm, brumm, brumm, ich bin ein Lkw, brumm, brumm, brumm."
Darauf sagt der Arzt: „Machen Sie das bitte noch mal."
Der Mann tut wie ihm geheißen: „Brumm, brumm, brumm." Da lächelt der Nervenarzt und sagt: „Aha, ich glaube, ich weiß, was Ihnen fehlt ... Ihre Kraftstoffleitung ist verstopft."

Beim Jägerstammtisch sagt einer der Waidmänner: „Es gibt Hunde, die wesentlich klüger sind als ihre Herrchen." Dazu meint einer der Jäger ganz stolz: „Ja, so einen habe ich auch!"

Bei der Gerichtsverhandlung sagt der Angeklagte zu seinem Anwalt: „Wenn Sie dafür sorgen, dass ich mit einem Jahr davonkomme, zahle ich Ihnen 10 000 Euro!" Nach der Verhandlung meint der Anwalt zu seinem Mandanten: „Puh, das war ein hartes Stück Arbeit ... die wollten Sie doch glatt freisprechen!"

Im Herbst ruft der Bauherr bei seiner Baufirma an: „Herr Schulze, mir wurde gerade mitgeteilt, dass Sie im Winter nicht weiterbauen wollen. Warum das denn?" Schulze antwortet: „Na, hören Sie mal, da würden uns ja die ganzen Bierflaschen platzen!"

Zwei Briefträger unterhalten sich: „Weißt du, was das schlimmste Sprichwort ist?" Der andere schüttelt den Kopf und fragt: „Keine Ahnung, lass mal hören!"

Der erste sagt: „Das schlimmste Sprichwort ist ‚Hunde, die bellen, beißen nicht'." Der Kollege kratzt sich am Kopf und fragt: „Und was soll daran bitte so schlimm sein?" Der erste erwidert: „Na, dass es kaum ein Hund kennt!"

Im Restaurant fragt der Kellner den Gast: „Und wie finden der werte Herr den Wein?"
Der Gast antwortet: „Naja, mit ein bisschen Öl, ein paar Salatblättern und etwas Salz und Pfeffer vermischt wäre er gar nicht mal schlecht ..."

Eine Frau kommt in die Tierhandlung und möchte einen Papagei kaufen. Der Verkäufer zeigt ihr die Tiere, die er anzubieten hat. Die Frau deutet schließlich auf einen der Vögel und fragt: „Was würde denn der da kosten?"
„50 Euro", sagt der Verkäufer.
„Wie wäre es mit der Hälfte?", fragt die Frau darauf.
Beleidigt erwidert der Verkäufer: „Es tut mir leid, meine Dame, aber wir verkaufen nur ganze Vögel."

Ein Hund kommt in ein Café und bestellt einen Espresso. Einer der Gäste sagt darauf ganz erstaunt zur Kellnerin: „Das ist ja unglaublich!" Die Kellnerin erwidert: „Ja, wirklich unglaublich, normalerweise bestellt er immer einen großen Milchkaffee."

Im Café ruft ein Gast: „Herr Ober, ein Mineralwasser, bitte!" Der Ober brüllt zurück: „Mein Herr, Sie müssen nicht so schreien, ich bin nicht schwerhörig! … Mit oder ohne Sahne?"

Zwei Baggerführer unterhalten sich. Der erste erzählt: „Neulich bin ich mit meinem Bagger in eine Radarfalle gefahren." Der andere fragt: „Und, hat's geblitzt?" Darauf der erste: „Nein, ordentlich gescheppert."

Der Friseurmeister fragt seinen Lehrling: „Und was machst du, wenn du merkst, dass du deinem Kunden gerade eine Ecke seines Ohres abgeschnitten hast?" Darauf der Lehrling: „Ach, kein Problem, ich runde ihm das Ohr einfach noch kostenlos ab."

Ein Jäger steht vor Gericht, weil er einen Mann angeschossen hat. Der Richter fragt: „Wie konnte das denn passieren? Das Opfer hat doch laut und deutlich ‚Ich bin kein Hirsch!‘ gerufen?"

Der Angeklagte bringt zu seiner Entschuldigung vor: „Ja, da muss ich mich wohl verhört haben, ich habe verstanden: ‚Ich bin ein Hirsch.‘"

Im Cockpit des Jumbojets meldet sich die Flugüberwachung: „Um Lärm zu vermeiden, schwenken Sie bitte um 45 Grad nach links." Der Pilot fragt erstaunt zurück: „Wir sind 10 Kilometer über dem Boden – was können wir da schon für einen Lärm machen?"

Der Fluglotse funkt zurück: „Den Lärm, den gleich Ihr Jumbo beim Zusammenprall mit dem Airbus vor Ihnen erzeugen wird."

Ratlos steht der neue Auszubildende mit einem Stapel Unterlagen vor dem Aktenvernichter. Nach einiger Zeit kommt ein Kollege vorbei und fragt freundlich: „Kann ich dir helfen?" Der Lehrling antwortet: „Ja, bitte. Wie funktioniert denn das Ding hier?"

„Ganz einfach", antwortet der Kollege, nimmt ihm die

Unterlagen ab und füttert sie in das Gerät, „und schon ist die Sache erledigt." „Danke", sagt der Lehrling, „und wo kommen jetzt die Kopien heraus?"

Beim Nervenarzt beschreibt ein Mann sein Problem: „Ich bilde mir ein, dass ich ein Känguru bin." Darauf der Arzt: „Na, dann hüpfen Sie mal auf diese Liege."

In der Bank sitzt ein Kunde bei seinem Anlageberater und tobt: „Durch Ihre Untätigkeit ist mein gesamtes Aktienvermögen verloren gegangen! Was haben Sie dazu zu sagen?"
Der Berater versucht zu beschwichtigen: „Na, sagen wir so, verloren gegangen ist es nicht, es gehört jetzt nur jemand anderem ..."

Der Gastwirt schimpft mit seiner neuen Bedienung: „Sagen Sie mal, Sie haben ja ‚Speinat' auf die Tafel geschrieben!" Die Bedienung stammelt: „Aber Chef, das haben Sie mir doch selbst gesagt – ‚Spinat mit Ei' haben Sie gesagt."

111

Mit den Händen in den Hosentaschen kommt der Einsatzleiter gemütlich in den Bereitschaftsraum der Feuerwache geschlendert und sagt: „Männer, ihr könnt euch jetzt mal langsam fertig machen, das Finanzamt brennt."

„Erstaunlich", sagt der Beamte, als er den schlafenden Kollegen sieht, „der Neue hat sich aber schnell bei uns eingearbeitet."

In der Autowerkstatt fragt ein Kunde den Meister: „Und, haben Sie sich meinen Wagen schon mal angesehen? Ist viel zu machen?" Der Meister kratzt sich am Kopf und antwortet dann: „Hm, sagen wir mal so, wenn Ihr Auto eine Kuh wäre, müssten wir sie sofort notschlachten."

Der Abteilungsleiter der Buchhaltung ruft den neuen Auszubildenden zu sich: „Herr Bäumler, die Firma Meyer & Co. hat unsere letzte Rechnung immer noch nicht bezahlt, Sie schreiben den Herrschaften jetzt mal eine Mahnung. Aber bitte bemühen Sie sich um einen höflichen Ton. Wenn Sie fertig sind, legen Sie mir das Schreiben zur Prüfung vor."

Der Auszubildende macht sich an die Arbeit und legt seinem Chef das Ergebnis nach einer halben Stunde auf den Schreibtisch. Der Abteilungsleiter liest sich das Mahnschreiben kurz durch und sagt dann: „Für den Anfang schon ganz gut … allerdings schreibt man ‚dumme‘ mit zwei ‚m‘, ‚Verbrecher‘ mit ‚V‘ und ‚dalli‘ mit zwei ‚l‘."

Ein Autoverkäufer ist gestorben und kommt in den Himmel. Hinter dem Schreibtisch von Petrus hängen unzählige Uhren an der Wand und der Autoverkäufer fragt: „Petrus, was sind das denn für komische Uhren?" Petrus antwortet: „Das sind die Lügenuhren. Für jeden Menschen auf der Erde habe ich hier eine solche Uhr. Bei jeder Lüge, die jemand erzählt, wandert der Minutenzeiger ein Stück vor."

Der Autoverkäufer: „Die Uhr da steht auf zwölf, wem gehört die denn?" Petrus erklärt: „Die gehört dem Papst, der hat noch nie gelogen. Daher haben sich die Zeiger noch nie bewegt." Jetzt ist der Autoverkäufer richtig neugierig: „Und wo hängt meine Lügenuhr?" „Deine Uhr ist in der Küche", antwortet Petrus, „die benutzen wir dort als Ventilator."

Der Zug steht schon geraume Zeit im Bahnhof und fährt nicht weiter. Daher fragt ein Fahrgast den Schaffner: „Herr Schaffner, wie lange hält dieser Zug denn?" Der Schaffner antwortet ihm: „Hm, bei guter Pflege sicher zwanzig bis dreißig Jahre, würde ich mal sagen."

Der Friseur meint zu seinem Kunden: „Mein Herr, ich sag es Ihnen nur ungern, aber Ihr Haar wird langsam grau …" Darauf schimpft der Kunde: „Kein Wunder – bei Ihrem Arbeitstempo!"

Ein Schlagersänger erzählt seinem Freund ganz stolz: „Vor einem halben Jahr habe ich meine erste Platte gemacht." Der Freund fragt neugierig: „Und, schon was verkauft?" Darauf der Schlagersänger: „Ja – meinen Fernseher, meine Stereoanlage, meine Wohnzimmereinrichtung und mein Auto …"

Der Besitzer des Stahlwerkes ist gestorben und kommt in den Himmel. Da Petrus ihn nicht haben will, schickt er ihn zum Teufel in die Hölle. Nach einem Monat klingelt bei Petrus das Telefon und der Teufel schimpft: „Sag mal, was hast du mir denn da für ein Prachtexemplar geschickt? Seit der Bursche hier ist, hat er zehn Öfen stillgelegt und tausend Mitarbeiter entlassen. Und die Leute, die er nicht rausgeschmissen hat, streiken seit einer Woche!"

Der Chef des Unternehmens sucht seinen Buchhalter auf und fragt ihn: „Herr Braun, Sie sind jetzt schon drei Jahre bei uns. In der Zeit waren Sie noch kein einziges Mal krank und Sie machen Überstunden ohne Ende, aber Sie haben noch nie um eine Gehaltserhöhung gebeten. Welche krummen Dinger drehen Sie eigentlich bei uns?"

Bei einer Geschwindigkeitskontrolle verlieren ein Gymnasiallehrer, ein Realschullehrer und ein Förderschullehrer den Führerschein, weil sie alle drei viel zu schnell unterwegs waren. Am nächsten Tag gehen sie gemeinsam zur Polizeidienststelle, um die Beamten umzustimmen und ihre Führerscheine wiederzubekommen.
Als Erster geht der Gymnasiallehrer in die Dienststelle. Nach zehn Minuten kommt er mit leeren Händen wie-

115

der zurück: „Keine Chance, die Jungs lassen nicht mit sich reden."

Nun versucht der Realschullehrer sein Glück. Aber auch er kommt nach zehn Minuten ohne Führerscheine wieder aus dem Gebäude: „Nichts zu machen."

Jetzt ist der Förderlehrer an der Reihe. Nach zwei Minuten ist er wieder da und wedelt freudestrahlend mit den drei Führerscheinen. Im Chor fragen ihn der Gymnasiallehrer und der Realschullehrer: „Das gibt's ja gar nicht, wie hast du das denn gemacht?"

Der Förderlehrer erklärt darauf ganz cool: „Das war einfach – die sind alle bei mir in die Schule gegangen."

Nach der Autorenlesung sagt der gefürchtete Literaturkritiker Hainitzky zum Autor: „Herr Schreiber, ich habe Ihr Buch gelesen."

Herr Schreiber fragt geschmeichelt: „Das letzte?"

Hainitzky antwortet: „Das will ich doch hoffen!"

Eine Frau wird von der Polizei angehalten: „Den Führerschein, bitte."

Die Frau fragt: „Führerschein … was ist denn das?"

Der Polizist erklärt es ihr: „Na, Sie wissen schon, das ist

das Ding, auf dem Ihr Bild drauf ist." Die Frau kramt in ihrer Handtasche, zieht einen kleinen Taschenspiegel heraus, gibt ihn dem Polizisten und sagt: „Da ist mein Bild drauf, hier bitte, mein Führerschein."

Der Polizist nimmt den Taschenspiegel, schaut auch darauf und sagt dann: „Oh, sorry, wenn ich gewusst hätte, dass Sie auch von der Polizei sind, hätte ich Sie natürlich nicht angehalten!"

Bei der Verhandlung fragt der Richter den Angeklagten: „Dass Sie dem Opfer die Geldbörse gestohlen haben, ist ja schon schlimm genug. Aber warum haben Sie ihm denn zu allem Überfluss auch noch eine Ohrfeige gegeben?" Der Angeklagte stammelt: „Weil die Geldbörse leer war."

Ein Mann kommt in die Buchhandlung und fragt die Buchhändlerin: „Wo finde ich denn das Buch ‚Der Mann – das überlegene Geschlecht'?"

Darauf antwortet ihm die Buchhändlerin: „Also, Fantasy finden Sie oben im ersten Stock!"

117

Ein Automechaniker steht in seiner Mittagspause vor einer Frittenbude und isst eine Tüte Pommes. Als er fertig ist, wendet er sich an den Inhaber der Imbissbude und fragt ihn: „Haben Sie schon einmal darüber nachgedacht, was Ihrer Bude guttäte?"

„Nein", antwortet der Inhaber überrascht, „was denn?"
Darauf der Automechaniker: „Ein Ölwechsel."

Zwei Jäger unterhalten sich. Der eine erzählt: „Letzte Woche ist in Österreich ein Jogger angeschossen worden." Der andere ist entsetzt: „Das ist ja schlimm! Wie kann denn so etwas passieren?"

Der erste erklärt es ihm: „Ganz dumme Sache das …
auf seiner Laufjacke stand ganz groß REEBOK."

Ein deutscher Politiker ist bei einer Konferenz in Südafrika. Beim Mittagessen möchte sich der Deutsche mit dem südafrikanischen Konferenzleiter unterhalten und fragt ihn daher: „Gluckgluck gut?" Der Südafrikaner nickt.

Damit das Gespräch nicht gleich wieder beendet ist, fährt der Deutsche fort: „Hamham gut?" Auch jetzt ist die Antwort ein freundliches Nicken.

Nach dem Mittagessen geht die Konferenz weiter. Der Konferenzleiter geht zum Rednerpult und hält eine geschliffene Rede in allerreinstem Deutsch. Danach setzt er sich wieder und fragt dann den deutschen Politiker: „Blabla gut?"

Bei der Bundeswehr schreit der Feldwebel einen Soldaten an: „Meier, Sie stehen ja da wie ein Fragezeichen, stellen Sie sich gefälligst ordentlich hin!" Meier nimmt Haltung an und antwortet: „Jawoll, Herr Feldwebel!"
Doch der Feldwebel lässt ihm immer noch keine Ruhe: „Meier, woher kommen Sie denn eigentlich?"
Meier gibt Auskunft: „Aus Baden-Baden." Darauf der Feldwebel: „Ach, stottern tun Sie auch noch!"

Nach der fünfzigsten Fahrstunde fragt der Fahrschüler seinen Fahrlehrer: „Herr Lehmann, was meinen Sie denn, wie lange ich noch brauche, bis ich reif für die Prüfung bin?" Herr Lehmann antwortet: „Noch ungefähr drei, Herr Blümlein." Herr Blümlein ist überrascht: „Was, Fahrstunden? Nur noch drei Fahrstunden?"
Darauf der Fahrlehrer resigniert: „Nein, Herr Blümlein, Autos, ungefähr noch drei Autos …"

In der Herrenabteilung des Kaufhauses begutachtet der Verkäufer seinen Kunden, der sich im Spiegel betrachtet, und sagt dann: „Mein Herr, diese Hose passt Ihnen doch ganz vorzüglich."

Der Kunde wiegt zweifelnd den Kopf hin und her und erwidert: „Na, ich weiß nicht so recht, unter den Armen kneift sie ein bisschen …"

Der Bauunternehmer sagt zu seinem Arbeiter: „Reuter, ich habe mir Ihre Arbeitsweise jetzt lange genug mitangeschaut, jetzt reicht es mir endgültig – Sie sind entlassen!" Reuter erwidert: „Entlassen? Ich dachte immer, Sklaven würden verkauft."

Der Zahnarzt sagt zu seinem Patienten: „Meine Güte, so ein großes Loch habe ich ja noch nie gesehen!"

Der Patient erwidert: „Ja, ich weiß, dass ich mit Zahnpflege in letzter Zeit etwas nachlässig war. Aber Sie müssen mir das deshalb nicht gleich dreimal sagen!" Darauf der Zahnarzt: „Entschuldigung, das habe ich auch gar nicht – was sie da gehört haben, war das Echo."

Jemand hat die Decke zwischen dem Himmel und der Hölle beschädigt. Daher schickt der Teufel eine SMS an Petrus: „Unsere Rechtsanwälte hier sind der Auffassung, dass der Himmel für den Schaden aufkommen muss." Petrus simst zurück: „Ja, das werden wir wohl müssen, denn wir können hier oben keinen Rechtsanwalt finden."

Auf dem Einwohnermeldeamt möchte ein Mann einen neuen Reisepass beantragen. Der Beamte fragt ihn: „Wie ist Ihr Nachname?"
Der Mann antwortet: „Mein Nachname ist Lang."
Darauf der Beamte: „Kein Problem, ich habe Zeit."

Ein Geschäftsmann hat einen Termin bei seiner Bank. Er fragt seinen Kundenberater: „Ich habe im letzten halben Jahr ziemlich viel an der Börse verdient. Was raten Sie mir denn, wie ich das Geld anlegen soll?"
Der Kundenberater antwortet: „Ich würde das Geld in Schnaps investieren – denn wo sonst bekommen Sie heutzutage schon 40 Prozent?"

Ein Mann rennt neben einem Bus her. Ein Fahrgast öffnet sein Fenster und ruft zu ihm hinaus: „Den kriegen Sie nicht mehr!" „Ich muss", antwortet ihm der Mann keuchend, „ich bin der Busfahrer!"

In der Modeboutique sagt die Verkäuferin zur Kundin: „Diesen Mantel können Sie zu jeder Jahreszeit tragen." Die Kundin hat Zweifel: „Auch bei warmem Wetter?" Die Verkäuferin antwortet selbstsicher: „Selbstverständlich, dann tragen Sie ihn über dem Arm."

Ein Chirurg, ein Architekt und ein Politiker streiten sich darüber, welches der älteste Beruf der Welt sei. Der Chirurg sagt: „Gott hat eine Rippe aus Adam genommen und daraus Eva gemacht. Das war die erste Operation, daher ist Chirurg der älteste Beruf."
Der Architekt kontert: „Das stimmt nicht. Bevor Gott die ersten Menschen gemacht hat, hat er zuerst die Welt aus dem Chaos erschaffen. Deshalb ist Architekt der älteste Beruf der Welt." Jetzt mischt sich der Politiker ein: „Und was meint ihr, wer das Chaos geschaffen hat?"

Beim Vorstellungsgespräch fragt der Personalchef den Bewerber: „Wie würden Sie Ihre Einstellung zur Arbeit auf einen kurzen Nenner bringen?"
Der Bewerber antwortet: „Ich gebe immer 100 Prozent."
Der Personalchef hakt nach: „Und wie muss ich mir das konkret vorstellen?"
Der Bewerber erklärt: „13 Prozent am Montag, 17 Prozent am Dienstag, 30 Prozent am Mittwoch, 37 Prozent am Donnerstag und 3 Prozent am Freitag."

Der Obsthändler preist seine Ware an: „Die Bananen sind ganz frisch – sie sind heute erst angekommen!"
Die Kundin erwidert: „Und wann sind sie abgereist?"

Zwei Manager unterhalten sich im Zug. Der eine sagt: „Ich habe letzte Woche in der Zeitung gelesen, dass man allen Managern empfiehlt, sich einen Backenbart wachsen zu lassen."
Der andere kratzt sich am Kopf und fragt: „Warum das denn?" Der erste erklärt: „Weil alle Handyanbieter ihre Telefone jetzt extra mit Klettverschluss ausliefern."

Der Malermeister teilt die Arbeit ein. Nachdem er den Gesellen gesagt hat, was sie tun sollen, weist er auch noch den neuen Azubi an: „Und du fährst jetzt gleich in die Ottostraße zu Müllers und streichst bei denen die beiden Fenster im dritten Stock."

Alle machen sich auf den Weg, der Meister begleitet einen der Gesellen. Nach einer halben Stunde klingelt das Handy des Meisters und der Azubi fragt: „Meister, ich bin jetzt mit den Fenstern fertig. Soll ich die Rahmen auch gleich noch mit streichen?"

Ein Einbrecher steigt in ein Haus ein. Als er gerade den Wohnzimmerschrank durchwühlt, steht plötzlich der Hausbesitzer hinter ihm. Der Einbrecher dreht sich blitzschnell um, zieht seine Pistole und bedroht den Mann: „Wenn Sie sich ruhig verhalten, passiert Ihnen nichts. Ich suche nur nach Geld." Darauf sagt der Hausbesitzer: „Prima Idee, ich suche mit."

Der Inhaber der Baufirma führt den Bauherren durch dessen soeben fertiggestelltes Eigenheim. Im Wohnzimmer sagt er plötzlich zum Bauherren: „Und jetzt gehen Sie doch bitte mal ins Bad."

Der Bauherr tut wie ihm geheißen und als er im Bad ist, ruft der Bauunternehmer im Wohnzimmer: „Können Sie mich hören?" Der Bauherr antwortet: „Ja."
Der Bauunternehmer fragt weiter: „Und können Sie mich auch sehen?" Der Bauherr antwortet: „Nein."
Darauf der Bauunternehmer ganz stolz: „Das sind Wände, was?"

Doktor Schmidt ist ein leidenschaftlicher Hobbyjäger. Sooft er nur kann, geht er mit seinen Freunden auf die Pirsch. Als er nach einem Jagdwochenende nach Hause kommt, fragt ihn seine Frau: „Und, war dir das Jagdglück gewogen?"
Doktor Schmidt erklärt: „Ich kann nicht klagen ... einen Achtender und vier neue Patienten."

Ein ostfriesischer Bauer kommt zum Hühnerzüchter und möchte 50 Küken kaufen. Der Hühnerzüchter verkauft ihm die Tiere und der Bauer geht seiner Wege.
Nach einer Woche kommt der Bauer schon wieder zum Hühnerzüchter und möchte erneut 50 Küken kaufen. Der Hühnerzüchter denkt sich nichts dabei und verkauft dem Bauern weitere 50 Küken.

Nach noch einer Woche steht der Bauer aber erneut auf der Matte und möchte auch jetzt wieder 50 Küken haben. Jetzt sagt der Hühnerzüchter: „Mein Herr, ich möchte ja nicht neugierig sein, aber was machen Sie denn mit den ganzen Küken?"

Darauf der Bauer: „Ach, ich weiß auch nicht, entweder pflanze ich sie zu tief oder ich gieße sie zu wenig."

In einer Wirtschaft sagt der Gast erregt zur Bedienung: „Das ist ja unmöglich, meine Serviette ist schmutzig."

Die Bedienung darauf: „Da haben Sie recht, mein Herr, das ist wirklich unmöglich. Ich werde der Küchenhilfe mal die Meinung sagen müssen, die hat die Servietten schon wieder falsch zusammengelegt."

Ein Deutschlehrer geht in ein Restaurant. Als er auf der Speisekarte einen Schreibfehler entdeckt, ruft er den Ober zu sich und sagt mit erhobenem Zeigefinger zu ihm: „,Omelett' mit einem ‚t'!"

Der Ober geht darauf zur Durchreiche und sagt: „Ein Omelett und einen Tee für Tisch sieben."

Zwei Schlagersänger unterhalten sich über Castingshows. Der eine schimpft: „Heutzutage wird ja jeder Nichtskönner sofort ein Star!" Darauf fragt der andere: „Und warum bist du dann noch keiner geworden?"

Im Restaurant beschwert sich der Gast: „Herr Ober, in meiner Suppe ist eine Fliege."
Darauf der Ober: „Aber nicht mehr lange … sehen Sie die hübsche Spinne am Rand Ihres Tellers?"

Im Restaurant studiert ein Gast die Speisekarte. Als der Ober kommt, fragt er: „Wieso sind bei Ihnen eigentlich drei Spiegeleier teurer als drei Rühreier?"
Der Ober antwortet: „Bei den Spiegeleiern kann man die Eier nachzählen."

Ein Elektriker steht mit seinem Werkzeugkasten vor einer Haustür im Regen und schimpft: „Das haben wir gern – mich erst bei dem Mistwetter antanzen lassen, um die Klingel zu reparieren, und dann nicht aufmachen!"

127

Der junge Chirurg macht seine erste eigene Operation. Sein Chef schaut ihm dabei zu. Plötzlich ruft er: „Nein, nein, nur den Blinddarm … alles andere tun Sie bitte schön wieder hinein.“

Der Tierarzt sagt zu einer Frau, die zu ihm in die Praxis gekommen ist: „Meine Dame, Sie sind falsch bei mir, ich bin Tierarzt.“
Die Frau widerspricht: „Nein, nein, ich denke, dass ich bei Ihnen schon an der richtigen Adresse bin – ich komme nämlich wegen meiner Hühneraugen und Krähenfüße und außerdem ist mir hundeelend.“

Zwei Löwen unterhalten sich im Zoo. Der eine fragt: „Du bist doch letztes Jahr ausgebrochen und warst dann ein halbes Jahr unterwegs. Wie war das denn so?“
Der andere antwortet: „Das war ganz super! Ich hab es mir im Keller vom Rathaus gemütlich gemacht und zum Frühstück hab ich mir jeden Tag einen frischen Beamten gerissen. Das ist auch niemandem aufgefallen – erst als ich dann einen Mitarbeiter aus der Lohnbuchhaltung gefressen hatte, waren sie plötzlich hinter mir her.“

In der Pension lobt der Gast die Wirtin: „Also, ich muss schon sagen, das Muster auf der Butter ist heute aber ganz besonders hübsch!" Die Wirtin ist geschmeichelt: „Für den Gast nur das Beste – dafür habe ich auch extra meine allerbeste Haarbürste genommen."

Auf einem wissenschaftlichen Kongress unterhalten sich zwei Zoologen. Fragt der eine: „Habt ihr in eurem Institut schon mal Elefanten mit Fliegen gekreuzt?"
Der andere antwortet: „Nein, aber Elefanten mit Heuschrecken. Das Ergebnis war aber nicht so überwältigend: Die Züchtungen konnten unheimlich weit springen – aber das nur einmal."

In der Berliner Autowerkstatt klingelt das Telefon und der Meister nimmt das Gespräch an. Der Anrufer sagt zu ihm: „Könnten Sie mir bitte helfen? Ich habe zu viel Kühlwasser im Motor."
Darauf der Meister: „Gut, ich schicke Ihnen gleich jemanden, der sich die Sache mal anschaut. Wo stehen Sie denn?" Der Anrufer antwortet: „Im Wannsee."

Der Bauarbeiter sagt zu seinem Vorarbeiter: „Chef, meine Schubkarre macht quietsch ……… quietsch ……… quietsch. Was soll ich denn tun?"

Der Vorarbeiter erwidert: „Tun? Gar nichts mehr – du bist fristlos entlassen!"

Der Bauarbeiter ist entsetzt: „Entlassen? Warum das denn?"

Der Vorarbeiter erklärt es ihm: „Unsere Schubkarren machen quietschquietschquietschquietsch!"

Zwei Arbeitskollegen unterhalten sich. Der eine fragt: „Und, hattest du auf deiner Chinareise Probleme mit deinem neuen Sprachcomputer?"

Der andere antwortet: „Ich nicht, aber die Chinesen ..."

Zwei Landschaftsgärtner sind am Straßenrand beschäftigt. Der eine gräbt ein Loch, der andere schaufelt es wieder zu. Ein Mann, der sich das eine Weile angesehen hat, geht schließlich zu den beiden hin und fragt: „Was treibt ihr denn da?"

Einer der beiden Landschaftsgärtner gibt Auskunft: „Eigentlich sind wir immer zu dritt, aber derjenige, der die Bäume setzt, ist heute krank."

An der Tankstelle bittet der Kunde den Tankwart: „Bitte prüfen Sie doch auch noch die Reifen."
Darauf der Tankwart: „Eins, zwei, drei, vier … ja, passt, sind noch alle da."

Der stotternde Schmied sagt zu seinem Gesellen: „Heute sch…sch…sch…schmieden wir einen Hammer. Du haust so lange auf den Stahlklotz, bis ich ‚Stopp' sage."
Der Geselle legt los wie die Feuerwehr und drischt mit seinem Schmiedehammer wie wild auf den Stahlklotz ein. Plötzlich sagt der Schmiedemeister: „Sch…sch…sch…sch… Scheibenkleister – W…w…w…wird 'ne Sch…sch…sch…schaufel."

Die große bunte Scherzkeksdose

Drei Jungen prahlen um die Wette, jeder von ihnen will den stärksten Vater haben. Der erste sagt: „Mein Papa hat den Rhein-Main-Donau-Kanal ganz allein gebuddelt." Darauf zieht der zweite vom Leder: „Pff, das ist ja noch gar nichts, meiner hat eigenhändig das Loch für den Chiemsee gegraben."
Der dritte winkt ab und sagt ganz lässig: „Das ist alles gar nichts, mein Papa hat das Tote Meer umgebracht."

Ein Mann erzählt seinem Nachbarn: „Stell dir vor, gestern beiße ich in einen Apfel und plötzlich ist da ein Wurm!" Darauf der Nachbar: „Na, wenn's weiter nichts ist ... ich habe letzte Woche auch einen Apfel gegessen und plötzlich entdecke ich da einen halben Wurm!"

Ein Österreicher und ein Schweizer unterhalten sich. Der Österreicher fragt: „Du, ist dir schon aufgefallen, dass unsere Nationalflaggen ganz ähnlich sind? Dieselben Farben – Weiß und Rot!"
Der Schweizer erwidert: „Ja schon, aber auf unserer Fahne ist ein Plus-Zeichen ..."

134

Eine neu erbaute Stahlbetonbrücke ist eingestürzt. Der Stahl, der Kies und der Zement stehen daher vor Gericht. Der Stahl beteuert: „Ich habe damit nichts zu tun, meine Zugfestigkeit ist einwandfrei und müde bin ich noch lange nicht."

Der Kies weist ebenfalls jede Schuld von sich: „An mir kann es nicht gelegen haben, meine Körnung war immer optimal!" Am Schluss macht der Zement seine Aussage: „Ich bin erst recht nicht schuld an dem Unglück, ich war ja überhaupt nicht dabei!"

Ein Mann fragt auf der Straße einen Passanten: „Entschuldigen Sie, ich bin fremd hier. Wie komme ich denn am schnellsten zum Städtischen Krankenhaus, bitte?"

Der Passant antwortet grinsend: „Ganz einfach ... am besten gehen Sie hier über die Hauptstraße, ohne nach links und rechts zu schauen und ohne sich um das Hupen der Autos zu kümmern – dann fährt man Sie ganz schnell mit Blaulicht dahin!"

Ein grüner Elefant und ein roter Elefant sitzen auf einem Baum. Plötzlich fliegt ein rosa Krokodil vorbei. Da meint der grüne Elefant zum roten: „Tsss, Sachen gibt's ..."

Ein österreichischer Zimmererbetrieb baut ein Holzhaus. Auf der Baustelle läuft alles rund, doch mit seinem neuen Mitarbeiter wird der Meister nicht recht glücklich: Der Neue nimmt einen Nagel aus dem Karton, schaut ihn sich an und wirft ihn dann weg. Danach holt er den nächsten Nagel aus dem Karton und schlägt ihn ein. Anschließend zieht er aber wieder zwei Nägel aus der Packung und wirft sie nach kurzer Begutachtung weg.

So geht das eine ganze Weile weiter, bis dem Meister schließlich der Kragen platzt. Er herrscht den Neuen an: „Sag mal, spinnst du? Das sind doch alles ganz neue Nägel, warum wirfst du denn über die Hälfte davon weg?" Der Mitarbeiter erklärt: „Ich weiß, dass die neu sind, aber einige von ihnen zeigen in die falsche Richtung." Darauf der Meister: „Du Dummkopf … die sind doch für die andere Seite des Hauses!"

Zwei Bauern unterhalten sich. Sagt der eine: „Ich habe gehört, dass dein Hahn unheimlich faul sein soll. Stimmt das?" Der andere Bauer antwortet: „Ja, das ist richtig – wenn dein Hahn kräht, nickt meiner nur mit dem Kopf."

Im Flugzeug fragt ein Fluggast erstaunt die Stewardess: „Die Leute da unten wirken so klein wie Ameisen – wie hoch fliegen wir denn?" Die Stewardess erklärt: „Einen Meter – es sind Ameisen."

Zwei Wahrsager unterhalten sich: „Einen fürchterlich heißen Sommer werden wir dieses Jahr haben."
Darauf der andere: „Ja, er erinnert mich an den Sommer 2055."

Zwei Kekse gehen über die Straße. Plötzlich wird der eine von einem Auto überfahren und zermalmt. Darauf meint der andere: „Hey, ich glaube, es ist besser, wenn wir uns schnell von hier verkrümeln."

Lisa aus Kassel macht mit ihren Eltern einen Ausflug nach Erfurt. Als sie in der Stadt einen Trabbi sieht, fragt sie: „Papa, warum heißt denn dieses Auto eigentlich ‚Trabbi'?"
Der Vater erklärt es ihr: „Weil es so lahm ist. Wenn es schneller fahren würde, würde es ‚Galoppi' heißen."

Ein Mann geht in ein Bekleidungsgeschäft und sagt: „Ich hätte gern ein paar Unterhosen."
Der Verkäufer fragt: „Lange?" Darauf der Kunde: „Ich möchte die Unterhosen kaufen, nicht mieten!"

Zwei Österreicher unterhalten sich. Sagt der erste: „Gestern bei dem Stromausfall habe ich im Kaufhaus zwei Stunden im Aufzug festgesteckt."
Darauf der andere: „Das ist ja noch gar nichts, ich war zum selben Zeitpunkt auch in dem Kaufhaus – zwei Stunden habe ich auf der Rolltreppe gestanden!"

Herr Maier ist arbeitslos. Beim Frühstück liest ihm seine Frau aus der Zeitung vor: „Du, die Polizei sucht einen schwarzhaarigen Mann um die Vierzig, der Banken ausraubt." Darauf brummt Herr Maier: „Schatz, meinst du wirklich, dass das der richtige Job für mich ist?"

Ein Linienbus ist von der Straße abgekommen und in ein Maisfeld gedonnert. „Zum Glück ist ja keine Person zu Schaden gekommen", sagt der Polizist, der den Busfahrer vernimmt. Dann fragt er: „Aber nun sagen Sie mir doch bitte mal, wie das geschehen konnte."

Der Busfahrer antwortet: „Ich weiß es auch nicht ... als es passiert ist, war ich gerade hinten im Bus beim Kassieren."

Ein Bauer hat sich nach langem Hin und Her dazu entschlossen, eine Brandversicherung für seinen Hof abzuschließen. Bevor er den Vertrag unterschreibt, fragt er aber den Versicherungsvertreter noch einmal: „Wenn jetzt also mein Hof abbrennt, bekomme ich von Ihrer Versicherung eine Million Euro, oder?"

Der Vertreter antwortet: „Ja, das ist richtig. Vorausgesetzt natürlich, Sie haben Ihr Anwesen nicht selbst angezündet." Darauf knallt der Bauer den Vertrag und seinen Stift auf den Tisch und ruft: „Aha ... da haben wir ja schon den Schwindel."

Bei der Fortbildung fordert der Kursleiter die Teilnehmer auf: „Ich bitte Sie jetzt alle, sich einen Satz auszudenken, bei dem alle Wörter mit einem großen oder kleinen A beginnen. Der Satz soll sinnvoll sein und mit Ihrem beruflichen Alltag zu tun haben. Wer den längs-

139

ten Satz bilden kann, ist Sieger und bekommt heute das Mittagessen umsonst.“

Daraufhin meldet sich sofort der Herr Abteilungsleiter Klein von der Firma Rumpelmann & Söhne: „Alle anfallenden Arbeiten auf andere abschieben, anschließend anschnauzen, aber anständig!“

Ein ostfriesischer Bauer kauft sich ein Sportflugzeug. Bei seinem ersten Ausflug hat er bald Probleme und sendet einen Funkspruch an die Flugkontrolle: „Bauer an Tower, Bauer an Tower, es wird immer grauer!“ Darauf erwidert der Fluglotse: „Tower an Bauer, Tower an Bauer, das ist die Mauer vom Tower!“

Drei Männer dürfen in ein Schwimmbecken springen und sich dabei von einer guten Fee etwas wünschen. Der erste Mann läuft an, sagt „Geld“, springt in das Becken und schwimmt sofort in Geld.

Danach läuft der zweite Mann an, sagt „Gold“, springt in das Becken und schwimmt plötzlich in Gold.

Schließlich ist der dritte Mann an der Reihe. Er nimmt Anlauf – doch weil sein Schnürsenkel auf ist, stolpert er, schreit „Mist!“ und purzelt anschließend ins Becken …

In der Silvesternacht knallen auf einer Kreuzung zwei Autos aufeinander. Als die Polizei kommt, um den Unfall aufzunehmen, sagt einer der beiden Fahrer mit schwerer Zunge zu den Beamten: „Aber meine Herren, man wird doch wohl noch mal auf das neue Jahr anstoßen dürfen!"

Eine Ostfriesin kommt zum Nervenarzt und fragt um Rat: „Herr Doktor, mein Mann glaubt, dass er ein Hubschrauber sei."
Der Arzt erwidert: „Am besten sagen Sie ihm, dass er mal persönlich in meine Sprechstunde kommen soll."
Darauf die Ostfriesin: „Gut – wo kann er denn dann landen?"

Der Nachbar beschwert sich: „Mein lieber Herr Schmidt, Ihre Katze hat heute beinahe meinen Schäferhund umgebracht!" Herr Schmidt ist verblüfft: „Meine Katze Ihren Hund … das kann doch gar nicht sein?"
Der Nachbar erklärt: „Doch, doch, mein Bello ist fast an Ihrer Katze erstickt."

Zwei Studenten unterhalten sich: „Und wie finanzierst du dein Studium?", fragt der eine. Der andere antwortet: „Ich schreibe." Darauf der erste: „Das ist ja interessant! Was schreibst du denn?" Der zweite erklärt: „E-Mails an meine Eltern, dass ich Geld brauche."

Ein Russe, ein Franzose und ein Österreicher kommen ins Paradies und dürfen sich etwas wünschen, das ihnen 20 Jahre lang nicht ausgeht. Der Russe möchte Wodka, der Franzose Champagner und der Österreicher Zigaretten. Darauf trennen sie sich und jedem wird sein Wunsch erfüllt.

Nach 20 Jahren treffen sich die drei wieder. Der Russe ist voll des Lobes: „Das war der beste Wodka, den ich je getrunken habe!" Auch der Franzose schwärmt: „Der Champagner war spitzenklasse, schade, dass die 20 Jahre so schnell vorbeigegangen sind."

Zuletzt meldet sich der Österreicher zu Wort: „Hat einer von euch beiden Feuer?"

Ein Unternehmer aus Österreich besucht einen Geschäftspartner in Deutschland. Beim Mittagessen im Restaurant beschwert sich der Österreicher darüber, dass die Deutschen immer so viele Witze auf Kosten der Österreicher machten: „Man könnte fast glauben, alle Österreicher seien doof", entrüstet er sich.

Der deutsche Geschäftspartner beschwichtigt: „Sie dürfen das nicht so ernst nehmen, das sind ja nur Witze und keine Tatsachen. Es gibt auch dumme Deutsche. Ich werde Ihnen das gleich zeigen."

Der Deutsche geht zu seinem Fahrer und sagt zu ihm: „Fahren Sie bitte zu meinem Haus und schauen Sie nach, ob ich da bin." Der Fahrer macht sich prompt auf den Weg. „Der ist ja wirklich dumm", meint danach der Österreicher, „dort vorn ist doch eine Telefonzelle, es wäre für ihn viel einfacher gewesen anzurufen."

Zwei Erbsen gehen einen Gang entlang. Plötzlich ruft die eine ganz hektisch: „Achtung, da vorn kommt eine Trep ...pe …pe …pe …pe …pe …pe …pe …!"

Eine Frau kommt in die Apotheke und verlangt nach einem Mittel gegen Läuse. Die Apothekerin fragt sie höflich: „Für Kinder oder für Erwachsene?"

Darauf antwortet die Kundin unwirsch: „Woher soll ich denn wissen, wie alt die Viecher sind?!"

Zwei befreundete Deutschlehrer treffen sich am Badesee. Sagt der eine zum anderen: „Genitiv ins Wasser!" „Ja, ist gut", antwortet der andere. Dann deutet er auf eine Stelle im See und fragt: „Ist es Dativ?"

Ein älterer Herr steigt in den Bus ein und zeigt dem Fahrer seine Monatskarte. Der Fahrer schaut sich die Karte an und sagt dann zu dem Mann: „Moment mal, damit können Sie nicht fahren, das ist ja eine Schülerkarte!"
Der Mann erwidert darauf: „Da können Sie mal sehen, wie lange ich hier auf Ihren Bus gewartet habe!"

Zwei sehr alte Österreicher unterhalten sich über Fußball. Der eine sagt: „Wer spielt denn heute?"
Der andere: „Österreich-Ungarn."
Der erste darauf: „Aha. Und gegen wen?"

Ein Luftballon geht zum Arzt. Der Arzt fragt ihn: „Was fehlt Ihnen denn?" Der Luftballon antwortet: „Ich habe schreckliche Platzangst."

144

Zwei Eskimofrauen treffen sich beim Spazierengehen und halten ein Schwätzchen. Plötzlich schaut die eine in die Ferne und fragt dann: „Du, ich kann dein Iglu gar nicht sehen, bist du umgezogen?"

Darauf die andere: „Mist, ich habe vergessen, das Bügeleisen auszudrehen!"

Treffen sich zwei Magnete. Fragt der eine: „Und, wie geht's dir heute?" Darauf der andere: „Ach, nicht so gut, ich weiß einfach nicht, was ich heute anziehen soll …"

Zwei Kerzen unterhalten sich. Fragt die eine: „Was machst du denn heute Abend?"

Die andere erwidert: „Ich glaube, ich gehe aus."

Im Wilden Westen kauft ein Cowboy dem Pfarrer sein Pferd ab. Der Pfarrer sagt: „Wenn du ‚Amen‘ sagst, bleibt das Tier sofort stehen, und wenn du ‚Gott sei Dank‘ sagst, läuft es wieder weiter."

Der Cowboy bedankt sich für die Erklärung und das gute Geschäft und setzt sich mit seinem Neuerwerb in

Bewegung. Nach einer Weile reitet er aber direkt auf eine Schlucht zu und überlegt fieberhaft, was er sagen muss, um nicht in die Tiefe zu stürzen. Einen halben Meter vor dem Abgrund fällt ihm endlich das Zauberwort ein: „Amen!". Das Pferd bleibt sofort stehen. Der Cowboy wischt sich den Schweiß von der Stirn und sagt dann: „Gott sei Dank."

Ein Ehepaar unterhält sich im Badezimmer. Der Mann betrachtet sich im Spiegel und sagt seufzend zu seiner Frau: „Ach, mein Haar wird auch immer dünner!"
Die Frau meint dazu: „Ja, das ist wahr, früher hattest du vorn schöne Wellen, jetzt ist da nur noch der Strand zu sehen."

Zwei Ostfriesen stehen nach Mitternacht in Berlin vor dem Busdepot einer Überlandlinie und wollen nach Emden. Da um diese Zeit keine Busse mehr fahren, sagt der eine: „Ich breche jetzt da ein und klaue uns einen Bus."
Gesagt, getan: Während der andere Ostfriese wartet, dringt der erste in das Gebäude ein. Nach fünf Minuten öffnet sich ein Tor und der Einbrecher kommt mit ei-

nem Bus herausgefahren. Dann stellt er das Fahrzeug ab, springt heraus, rennt zurück in das Depot und fährt einen weiteren Bus heraus. Das Ganze wiederholt sich noch fünf Mal.

Der andere Ostfriese fragt verdutzt: „Sag mal, spinnst du, warum fährst du denn die ganzen Busse heraus?"

Darauf der andere: „Blöde Frage – der Bus nach Emden stand ganz hinten."

Jacky besucht seinen Kumpel Joe im Gefängnis: „Hallo, Joe, wie stehen die Akazien? Alles im grünen Bereich?"

Joe brummt zurück: „‚Joe‘ ist nicht mehr, hier drinnen bin ich leider nur noch eine Nummer, hier kennen mich alle nur noch als ‚3942‘." Jacky fragt verwundert: „3942? Aber auf dem Rücken steht doch ganz groß ‚1435‘?

Darauf Joe: „Das ist mein Spitzname."

Die Ehefrau kommt nach Hause und sagt zu ihrem Mann: „Ich habe eine gute und eine schlechte Nachricht. Welche willst du denn zuerst hören?"

„Fang mit der guten an", fordert sie ihr Mann auf.

Darauf sagt die Frau: „Also, der Airbag hat ordnungsgemäß funktioniert."

147

Im Anzeigenteil der Zeitung fand sich neulich unter der Rubrik „Zu verschenken" folgendes Inserat: „Screibmascine mecanisc, Jargang 1987, one Deckel, und das kleine H ist defekt."

Auf dem Bahnsteig spricht eine Frau einen Mann an: „Entschuldigen Sie, aber ich glaube, ich habe Ihr Gesicht schon einmal irgendwo anders gesehen …"
Der Mann schüttelt den Kopf: „Gnädige Frau, das kann nicht sein – ich trage es immer an der gleichen Stelle."

Zwei Österreicher unterhalten sich. Fragt der eine: „Und, hast du deinen Führerschein jetzt endlich bestanden?" Der andere antwortet: „Nein, ich bin leider durchgefallen." Der erste: „Wie das? Erzähl mal!"
Der zweite: „Zuerst hat alles wie am Schnürchen geklappt, aber nach einer Weile sind wir an einen Kreisverkehr gekommen. Dort stand ein Schild mit der Aufschrift ‚30'." Der erste: „Ja und?"
Der andere: „Na, da bin ich dann 30 Mal im Kreis herumgefahren." Der erste: „Und weiter?"
Der andere: „Dann bin ich durchgefallen."
Der erste: „Warum? Hast du dich wohl verzählt?"

Der Teufel kommt zu Petrus und fragt ihn: „Wie wäre es denn mal mit einem Fußballspiel Himmel gegen Hölle?" Petrus gibt ihm geringschätzig Antwort: „Bah, meinst du, dass ihr da auch nur den Hauch einer Chance habt? Alle guten Fußballspieler sind im Himmel: Fritz Walter, George Best, Garrincha, Lew Jaschin, …"
Darauf der Teufel listig: „Da magst du schon recht haben, aber wir haben alle Schiedsrichter …"

Bei einer Verkehrskontrolle wird ein Auto mit total verschmutztem Kennzeichen angehalten. Der Polizist sagt zum Fahrer: „Guter Mann, ich muss Ihnen eine Verwarnung ausstellen: Ihr Nummernschild ist so verschmutzt, dass man das Kennzeichen nicht mehr lesen kann."
Der Fahrer entgegnet: „Ach, das macht nichts, ich weiß es auswendig."

Johanna ist zum ersten Mal auf dem Bauernhof ihres Onkels zu Besuch. Gleich am ersten Tag kommt sie gerannt und sagt ganz aufgeregt: „Onkel, Onkel, die kleinen Schweinchen haben das große Schwein umgeworfen und knabbern ihm jetzt gerade die Knöpfe von der Jacke!"

Ein Hochwasser hat das Dorf überflutet. Zwei Bauern sitzen auf dem Dach einer Scheune und schauen deprimiert auf die braune Brühe. Plötzlich schwimmt eine Kappe an ihnen vorbei und der eine Bauer sagt traurig zum anderen: „Der Besitzer der Kappe ist bestimmt ertrunken."

Darauf der andere: „Nein, nein, das ist der Erwin, der mäht bei jedem Wetter."

Ein ostfriesischer Bauer kommt vom Markt nach Hause. Freudestrahlend erzählt er seiner Frau: „Stell dir vor, ich habe eines von unseren Schweinen für 2000 Euro verkaufen können!" „Super!", freut sich die Frau mit ihm. Dann aber fragt sie: „Wie hat der Käufer denn bezahlt? Hat er dir Bargeld gegeben oder einen Scheck?"

Darauf der Bauer, immer noch freudig erregt: „Weder noch. Er hat mit zwei Gänsen à 1000 Euro bezahlt."

Im Zug erwischt der Schaffner einen Schotten ohne Fahrkarte. Es kommt zu einem heftigen Wortwechsel, doch der Schotte weigert sich, das erhöhte Beförderungsentgelt zu bezahlen. Schließlich wird es dem Schaffner zu bunt – er schnappt sich den Koffer des

Schotten und ruft: „Wenn Sie nicht augenblicklich zahlen, werfe ich Ihren Koffer aus dem Zug!"

Darauf fragt der Schotte schreiend: „Erst wollen Sie mich in die Armut treiben und jetzt haben Sie auch noch vor, meinen Sohn zu töten?"

Ein Schauspieler soll bei den Dreharbeiten zu einem Film von einer Klippe ins Meer springen. Der Schauspieler protestiert: „Aber ich kann doch gar nicht schwimmen!" Der Regisseur meint darauf: „Das macht nichts, das ist sowieso deine letzte Szene im Film."

Zwei Menschenfresser aus Papua-Neuguinea machen Urlaub in New York. Als ihnen auf dem Gehsteig ein Junge auf einem Skateboard entgegenkommt, sagt der eine zum anderen: „Da schau her, ein Rollbraten!"

Ein Deutscher, ein Schweizer und ein Österreicher sind Arbeitskollegen. Im Sommer sind alle drei gleichzeitig drei Wochen lang in Urlaub gefahren. Danach erzählt jeder, was er erlebt hat. Der Deutsche berichtet: „Ich war in Afrika, zuerst in Tansania auf dem Kilimandscharo und danach in Kenia auf Safari. Ein toller Urlaub war das!"

Darauf der Schweizer: „Und ich habe erst was erlebt – ich war drei Wochen lang im brasilianischen Urwald unterwegs!"

Jetzt wäre der Österreicher an der Reihe, doch nachdem er nichts sagt, fragt ihn der Deutsche: „Na, und was hast du gemacht?" Der Österreicher erwidert: „Ich? Tja, ich habe ein Puzzle gemacht."

Der Schweizer fragt ungläubig: „Was? In der ganzen Zeit hast nichts außer einem Puzzle gemacht?"

Der Österreicher darauf: „Ja, aber ich war verdammt schnell! Auf der Schachtel stand nämlich ‚3 bis 6 Jahre'."

Zwei Eskimos stehen vor einem Kühlschrank. Endlich sagt der eine zum anderen: „Also los, worauf warten wir denn? Hinein in die warme Stube!"

Ein Mann kommt jeden Tag in die Drogerie und kauft eine Packung Mottenkugeln. Nach einer Woche fragt ihn die Drogistin: „Eigentlich geht es mich ja nichts an, aber wozu brauchen Sie denn eigentlich so viele Mottenkugeln?"

Der Kunde antwortet etwas beleidigt: „Na, probieren Sie doch selbst mal aus, wie schwer es ist, die Viecher zu treffen!"

Ein Gast spricht im italienischen Restaurant den Ober an: „Entschuldigung, aber der Mann dort hinten mit dem langen Bart, ist das der Nikolaus?"

Der Ober antwortet: „Nein, mein Herr, das ist ein Stammkunde von uns, der isst gerade seine Spaghetti."

Eine Frau kommt mit einem Hund in einem Körbchen zum Nervenarzt. Der Arzt sagt erstaunt: „Ich glaube, Sie sind falsch bei mir – ich bin kein Tierarzt." „Warum Tierarzt? Das hier ist mein Gatte! Ich möchte, dass Sie ihn bitte untersuchen – er denkt, er sei ein Hund."

Vier Irre sind aus der Nervenheilanstalt ausgebrochen und fahren mit einem gestohlenen Auto durch die Gegend. Als der Beifahrer eine Pfütze auf der Straße sieht, ruft er: „Anhalten, der Chiemsee!" Der Fahrer hält an und der Beifahrer steigt aus. Er klettert aufs Autodach und macht einen Kopfsprung. Als er wieder zu Bewusstsein kommt, sagt er zu seinen Kollegen: „Wir können weiterfahren, der Chiemsee ist noch zugefroren."

Der Arzt hat einen schottischen Patienten. Erstaunt fragt er ihn: „Wie kommen denn bloß die Holzsplitter in Ihre Zunge?"
Der Schotte weiß es: „Der Barkeeper hatte versehentlich Whiskey auf dem Tresen verschüttet."

Eine Frau betritt mit ihrem Pudel ein chinesisches Restaurant. Sofort geht ein Kellner zu ihr hin und sagt streng: „Gnädige Frau, ich muss Sie darauf hinweisen, dass bei uns der Verzehr von mitgebrachten Speisen verboten ist."

Ein Fakir geht in eine Eisenwarenhandlung und sagt: „Ich hätte gern fünf Kilo Nägel ... meine Frau möchte das Bett neu beziehen."

Zwei Stricknadeln unterhalten sich. Sagt die eine: „Ich habe gestern einen neuen Witz über unsere Regierung gehört, soll ich ihn dir erzählen?"

Die andere Stricknadel fällt ihr ins Wort: „Psst, sag nichts … hinter uns steht eine Sicherheitsnadel!"

Die Ehefrau liest in einem Gedichtband. Plötzlich sagt sie zu ihrem Mann: „Du, Heinz, das gibt es ja gar nicht! Hier steht das Gedicht, das du mir vor 30 Jahren zur Verlobung extra geschrieben hast! Mich würde mal interessieren, wie dieser Rilke an das herangekommen ist."

Zwei Freundinnen unterhalten sich. Fragt die eine: „Ist dein neuer Freund wirklich ein so dünner Hering, wie Silvia und Nicole behaupten?"

Darauf die andere: „Ja, das stimmt. Wenn Jan eine rote Krawatte trägt, sieht er aus wie ein Thermometer."

Ein Skelett betrachtet sich im Spiegel und sagt: „Verdammte Nulldiät!"

Ein Mann checkt in einem billigen Hotel ein. Der Empfangsherr gibt ihm den Zimmerschlüssel und sagt: „Da wir knapp an Personal sind, müssen Sie sich Ihr Bett leider selbst machen." Der neue Gast erwidert gelassen: „Na, das wird ja wohl kein allzu großes Problem sein." Darauf meint der Empfangsherr: „Genau. Da, nehmen Sie, Bretter, Säge, Hammer und Nägel."

Eine Frau bestellt in einem Restaurant ein halbes Hähnchen mit Pommes frites und Salat. Nachdem sie fertig gespeist hat, fragt sie der Ober: „Meine Dame, hat es Ihnen geschmeckt?"
Die Frau antwortet: „Also, wenn Sie es genau wissen wollen – das Hähnchen war unglaublich zäh, das muss wohl aus einem hartgekochten Ei geschlüpft sein!"

Zwei Freunde unterhalten sich über ein neues Restaurant, das vor ein paar Tagen neu eröffnet hat. Der eine erzählt, dass er es schon besucht habe. Darauf fragt der andere: „Und, wie fandest du es?"
Der erste antwortet: „Tja, die hätten ihren Laden auch auf dem Mond aufmachen können – gutes Essen, aber keine Atmosphäre."

Zwei Urlauber gehen in Ostfriesland spazieren, da kommt ihnen ein Bauer entgegen, der einen Strick hinter sich herzieht. Der eine Urlauber fragt daher: „Warum ziehen Sie denn eigentlich den Strick hinter sich her?" Der ostfriesische Bauer antwortet mit einer Gegenfrage: „Soll ich ihn wohl schieben?"

Folgendes Inserat fand sich vor Kurzem unter der Rubrik „Er sucht Sie" im Anzeigenteil der Zeitung: „Dreifacher Witwer sucht nette Lebenspartnerin. Hobbys: Pilze suchen und Kochen."

Zwei Frauenrechtlerinnen frühstücken miteinander. Nachdem die eine ihr Frühstücksei abgeschält hat, meint sie zur anderen: „Du, gibst du mir bitte mal die Salzstreuerin?"

Zwei Männer treffen sich im indischen Dschungel. Fragt der eine den anderen: „Hey, wieso schleppst du denn eine Telefonzelle mit dir herum?"
Der andere erwidert: „Wenn ein Tiger kommt, stelle ich

mich in die Zelle und bin sicher vor seinen Angriffen. Aber warum schleppst du denn einen Ziegelstein mit dir herum?"

Der erste: „Wenn ein Tiger kommt, werfe ich den Stein weg und kann dann viel schneller laufen."

Treffen sich zwei Navigationsgeräte. Fragt das eine: „Navigates?"

Sagt der eine Kannibale zu seinem Freund: „ Mal ganz ehrlich, ich halte nicht viel von deiner Frau." Darauf der andere: „Na, dann iss halt nur das Gemüse."

Treffen sich zwei Lawinen. Fragt die eine die andere: „Du, was machen wir heute? Ziehen wir ein bisschen um die Häuser oder mischen wir uns unters Volk?"

Noch mehr Lesefutter für Scherzkekse und Spaßvögel!